2009 y USA

2009 y USA

El
Africano
Indocumentado

Beatriz Griffin

Número de Control de la Biblioteca del Congreso de EE. UU.:   2013904667
ISBN: Tapa Blanda   978-1-4633-5352-0
                                Libro Electrónico   978-1-4633-5351-3

Para realizar pedidos de este libro, contacte con:
Palibrio
1663 Liberty Drive
Suite 200
Bloomington, IN 47403
Gratis desde EE. UU. al 877.407.5847
Gratis desde México al 01.800.288.2243
Gratis desde España al 900.866.949
Desde otro país al +1.812.671.9757
Fax: 01.812.355.1576
ventas@palibrio.com
446034

Índice

Como el gorrión en su vagar,
Y como la golondrina en su vuelo,
Así la maldición nunca vendrá sin causa.
26:2 – Proverbios

Introducción

Permítanme presentarme; mi nombre es Águila de Cabeza Blanca, y estoy estacionada en la ciudad de Las Cruces, Estados Unidos de América. Empecé a escribir en enero de 2012. En este libro me gustaría informar y reportar públicamente la horrible 2009 Administración de Presidencia de los Estados Unidos. Y quiero ayudar a toda la nación y hacer del conocimiento de todo el mundo y quitar la sucia máscara del Africano indocumentado y romper toda la influencia negativa que está transmitiendo, desde dentro de la Presidencia, donde se instaló rodeado de todo tipo de los más avanzados aparatos electrónicos, como son los ordenadores y teléfonos con cobertura de red de un sistema que podríamos decir de todo el universo en que vivimos. Observando y viendo sin pestañear a su enemigo, que es los Estados Unidos, como él mismo dice.

Y donde él está rompiendo las precauciones de la seguridad de la patria usando esta tecnología para comunicarse con el pueblo, por el altavoz de agudos, MySpace, Twitter, y absolutamente todas las demás redes y teléfonos, porque en persona es complETAmente imposible ahora que él es realmente un apático y desadaptado.

Aunque nos demos cuenta o no, su influencia es negativa y es maldición y su espíritu demoniaco tendrá el poder de controlar nuestras vidas. Debido a su influencia negativa y atadura fuerte puede crear un lazo secreto en nuestras vidas que no podamos identificar, la diferencia entre el éxito y el fracaso. En este libro dETAllo cuidadosamente como un grupo de personas hizo un estudio psicológico del Africano indocumentado, logrando dejar al descubierto su verdadera identidad en 2009 y los Estados Unidos El Africano Indocumentado. Quiero que sepan que en esencia él es un Africano muy pobre, y retrogrado porque es deficiente, y nada tiene que ver con las sagradas creencias de los Estados Unidos de Norteamérica

Otra razón que me hace escribir este libro es el asedio desagradable y sagaz que el ilegal Africano, en su afán de tener rose social conmigo a través de la distancia, de manera anormal, lo que es la magia negra, o algo de las costumbres de África, o en contra de la ley, por medio de la mente, mentalmente y por los espíritus, revelándose en su sufrimiento desesperado por el fracaso que tiene al tratar de ser como los demás hombres. Porque utiliza a menudo para impresionar, el desprecio hacia otras personas. Y lo que habla a menudo son palabras malintencionadas y muy negativas para engañar personas y ponerlas in contra de los demás. Y aunque usted se dé cuenta o no, estas palabras son maldiciones que dan energía a su espíritu reaccionario y demoníaco. Estoy segura que cuando lea este libro, el lector puede saber que es el Africano indocumentado y no tendrá que vivir con ser limitado y restringido y tendrá un real punto de vista, su vida cambiara complETAmente y todo estará a su disposición! Libertad, éxito y una infinidad de oportunidades que vendrán a usted porque ese es el espíritu de los Estados Unidos de América bajo Dios!

También vamos a aprender que la única manera de tratar con el Africano indocumentado, es utilizando su misma actitud, o sea, la desvergüenza, la insolencia, la repugnancia infinita que inspiran su reír estúpidamente, mentiras y trucos.

Capítulo Uno

2009 y Estados Unidos
El Africano Indocumentado

La gente empieza a quejarse de mí porque saben que estoy a la cabeza! Por esta razón! Hillary Clinton respondió cuando ella estaba participando en la USA candidatura presidencial de 2009.

Y unas semanas después ella ya no tenía muchas posibilidades de ganar, y entonces avisó a los reporteros que informaran a todos, que ella ya se había movido junto con la mayoría de los votantes a la campaña del candidato Africano y bajo él, ella conseguiría algún empleo que no tendrá ninguna relación con la posición de Presidente o de primera dama.

Una vez que el africano indocumentado llego a tomar la Presidencia inmediatamente comenzó a desfilar ante las cámaras de televisión en compañía de sus familias, y luego los periodistas estadounidenses comenzaron a mencionar las espectaculares actuaciones sin precedentes, como el África Negra.

Y cuando la pareja morena llegó a la Presidencia, ambos venían con sus ropas de clase media, el Africano indocumentado llevaba siempre unos simples pantalones muy largos que tenían que parar in sus tobillos y un calzado muy delgadito, que podía revisarse para comprobar si no tenía un agujero en la suela. Y él estaba mostrando un gran lunar/verruga en su cara negra.

Recuerdo que el día cuando esa sala especial en el Capitolio estaba completamente llena de todos los Senadores y todos los Representantes, y el Africano indocumentado irrumpió en el Gabinete a través de la puerta que se encuentra in la parte de arriba, sorteando todos los peldaños hacia abajo, saltando a toda velocidad, casi sin contacto con los escalones, y una vez que ya estaba al micrófono en la parte de enfrente, no le importaron las reglas de educación básica y él Inició gritando moviendo su dedo largo. Y cuando todo el mundo estaba fuera, los reporteros de los canales de TV estaban esperando a los Senadores en las escaleras del Capitolio para a atrapar la noticia, (Yo estaba viendo la televisión en mi casa, y pensé: ahora que más es lo que tengo que aprender?) Porque yo no podría dar sentido de cómo pudieran o podían aceptar al Africano indocumentado).

Y desde ese día, los Senadores Demócratas estuvieron apareciendo frente a las cámaras de Televisión a la derecha del Africano indocumentado a través de más de dos años, desde 2009 hasta principios 2011. Y su presencia logro mantener la horrible cabeza del Africano indocumentado hacia el lado oriente durante tres años afectándole el cartílago del cuello (que fue el sonido que escuche) por la presencia ahí del Senador Demócrata!

Cuando el Africano indocumentado apareció en la Presidencia como inquilino, presentó documentos falsos, una identidad falsa para obtener la posición de Presidente. Y desde 2009 la Corte de los Estados Unidos en muchos tribunales de los distintos Estados, le tiene un caso abierto para enjuiciarlo, exigiendo que se presente inmediatamente en la Corte y presente todos los documentos que él ha estado utilizando en todo.

Ante lo cual el Africano indocumentado se ha estado haciendo el resbaladizo con diferentes excusas, mintiendo y enviando abogados para intentar desviar su estado migratorio ilegal.

Por favor detengan al infinitamente repugnante Africano indocumentado, porque él ha estado perturbando mentalmente dentro de nuestra cabeza, a toda mi familia 24/7 tratando de tocarme a través de la distancia y de rosarse conmigo desde 2009.

Desde 2009 está diciendo, "quiero ser tú, y no voy a descansar hasta que yo sea tu!

Pido a toda la gente que pongan lejos de mí al Africano indocumentado por favor, él es infinitamente repugnante y esta horrorizado y yo estoy llena de terror!

A través de todo el libro hare uso de un léxico frío "en defensa propia" contra el Africano indocumentado.

"ESTA ES MI CARTA DIRIGIDA A TODOS LOS INMIGRANTES QUE ESTÁN EN EL PAÍS"

El Africano indocumentado ha estado engañando a todos Ustedes, a todas las personas y especialmente a los indocumentados gente humilde que ha venido solicitando amnistía, y el Africano indocumentado ha firmado más de una Orden Ejecutiva para engañarlos, y así ha roto la ley porque sus Órdenes Ejecutivas de Inmigración han sido cosas para tomar el pelo, para embaucar, porque en otras palabras significan seguir de todos modos en la misma situación como siempre pero sólo los cansa más. Y también no ha dicho la verdad, la verdad que no puede ofrecer amnistía porque él ya ha emitido un número exagerado de Órdenes Ejecutivas rompiendo las leyes y poniendo a todos los inmigrantes en contra de los republicanos. Porque la gente elige Presidentes para garantizar que se cumpla con las leyes y no para violarlas.

Ignorando las leyes firma muchas órdenes ejecutivas. Ocultando que él entró en los Estados Unidos de Norte América y ha ocupado cada posición sin hacer ningún merito y sólo por la lastima infinita que provoca su naturaleza repugnante al hombre Americano que no vio que este Africano indocumentado trae el odio infinito de sus antepasados.

Y trata de ocultar la verdad que es un indocumentado discapacitado física y mentalmente, y que por ejemplo él ha cometido muchos delitos contra la libertad de los estadounidenses, y en el cuarto año de su estancia en la Presidencia, creo que sería imposible intentar hacer otra orden ejecutiva más, porque los Estados Unidos de América en su Constitución perfecta aún tiene la opción de arrestarlo a través de la Suprema Corte y las autoridades también están considerando esto si es necesario y esto es lo que están viendo.

Y aquellos que están para hacer las leyes son los señores del Senado. Estoy asesorando a todos los inmigrantes que tienen un Estado de Inmigración sin documentos ("al Indocumentado"), para que se reúnan con los republicanos porque de seguro sellos están pensando en ayudar a todos los inmigrantes una vez que tienen todo listo y sin pedir nada a cambio. Ellos tienen toda la bondad del mundo.

A todos los inmigrantes y las personas que tienen un Estado de Inmigración indocumentado ("al indocumentado"), quiero enseñarles una parte de la historia de este país, usando el lenguaje más simple para que pueda absorberse mi mensaje:

Los "Republicanos son peregrinos que vinieron desde Europa para establecer su casa en Los Estados Unidos de Norte América, por Dios, invitados por el Country a través de un anuncio en el periódico. Y desde ese momento ellos se han dedicado a trabajar de una manera que en la actualidad nos inspiraría terror "porque tenían poca comida o herramientas no adecuadas y no suministro, y aun así se mantuvieron constantes sembrando la tierra, construyendo, hasta que poblaron el ciberespacio, arreglando sus ranchos, hasta edificar casas, edificios, ciudades.

Y ahora voy a decirles a todos ustedes lo más importante que han ellos han hecho: desde el momento en que llegaron aquí, en botes, nos han enseñado plenamente todas sus costumbres, su nobleza natural del corazón, la verdadera religión cristiana, porque ya llegaron con los conocimientos más avanzados en ese momento a América donde se encontraron a los indios Americanos. Los peregrinos europeos nos han enseñado la bendición de las tradiciones, para trabajar en el país, para defender el país y sobre todo dos cosas, hemos sido enseñados a compartir con la gente pobre sin pedir nada a cambio y el coraje de dar su vida por este país de defender y limpiar el honor de cualquier ataque a la integridad de los Estados Unidos de América. Inmigrantes queridos hermanos que tienen un Estado de Inmigración Indocumentado ("el Indocumentado"), todas estas virtudes no existen en el Africano indocumentado, porque el lucha en contra de otros para que su causa sea como Los peregrinos Europeos, pero su causa tiene que ser darvinista hacia Dios, no hacia los demás, porque los Estados Unidos de América ya tiene la Constitución más avanzada en el mundo y da derechos iguales a todos. Entonces él debe ayudarse por sí mismo y no quebrantando las Leyes del Country ni las Leyes de Dios ni poniendo a unos en contra de los demás.

Y LES PIDO A TODOS LOS INMIGRANTES QUE TIENEN UN ESTADO DE INMIGRACIÓN INDOCUMENTADO ("A LOS INDOCUMENTADOS") NO ME VAYAN A FALLAR, YA QUE SUS ANCESTROS PROVIENEN DE EUROPA, TAMBIÉN SON DE LA FAMILIA DE LOS PEREGRINOS ESTADOUNIDENSES, AHORA PAREN YA DE COMPARARSE CON EL

CRIMINAL INDOCUMENTADO, PORQUE USTEDES TIENEN GOTAS DE SANGRE DE LOS REPUBLICANOS Y NUNCA PODRÍAN VIVIR EN LA MISMA CASA CON EL AFRICANO INDOCUMENTADO, PORQUE A NOSOTROS, NOS GUSTA HACER EL SEXO, Y NO PODEMOS TENER LA INFINITAMENTE REPULSIVA CRIATURA INSOLENTE VIENDO DESDE LAS OTRAS HABITACIONES PARA COPIARNOS "SEGUN", O PARA ROBAR, PORQUE EL DINERO QUE TIENE HASTA AHORA, ES PRODUCTO DE LA LIMOSNA QUE LE HAN DADO, Y EL LUJO EXTRABAGANTE QUE SE ESTA DANDO ES PORQUE ESTÁ USANDO LOS IMPUESTOS Y CONTRIBUCIONES DE LA GENTE, ESAS COSAS SON CON DINERO DE USTED COMO CONTRIBUYENTE DE TAXES Y QUE NINGUN PRESIDENTE HA TENIDO EN LA HISTORIA PERO QUE ESTE NEGRO AFRICANO ESTÁ GASTANDO EL DINERO EN PUBLICIDAD Y COMPRANDO COSAS CARAS CON DESESPERACIÓN PARA VER SI ASÍ SE HACE COMO USTED, COMO LOS PEREGRINOS QUE VINIERON DESDE EUROPA A CONQUISTAR ESTAS TIERRAS, ALGO QUE ES IMPOSIBLE, PORQUE EL ES DEL MERO CENTRO DE LA ÁFRICA NEGRA "MOMBASA, KENYA, ÁFRICA", Y NADIE TIENE NINGUNA CULPA DE QUE LA MAYORIA DE HISPANOS Y OTROS, NO TIENEN NINGUNA GOTA NEGRA Y USAMOS DIFERENTES COSMÉTICOS QUE ÉL, ASÍ QUE BASTA CON QUE USTEDES INVESTIGUEN SUS PROPIOS ANTEPASADOS Y ENCONTRARAN UNICAMENTE UN HERNÁN CORTÉS O UN CUAHUTEMOC. "La Nina, la Pinta y la Santa María" o "Yo soy descendiente de Cuauhtémoc, Mexicano por orgullo"

Y el Africano indocumentado desconoce complETAmente todos estos valores, no tiene ningún valor moral, ninguna religión, todo lo que dice y hace son mentiras, les juro que estoy diciendo la verdad exactamente y puedo probarlo. Y no permitan que ahora que el Africano indocumentado lea este libro, intente copiar a todos nosotros "según él", para seguirlos engañando a todos ustedes!

Y no permitan que ahora que el Africano indocumentado lea este libro intente hacer más desempleados. Él está esperando este libro para leerlo. Y empezar a hacer todo lo contrario siempre. Porque él inmediatamente comienza haciendo lo contrario.

El Africano indocumentado no conoce el libro del Corán de los musulmanes, y no conoce el libro de Talmud de los judíos, y no conocen el libro de La Biblia, y él siempre está maldiciendo a Dios ante las cámaras de TV. Entonces se desea alentar a todas las personas a alejarse del Africano indocumentado..

Y el Africano indocumentado desconoce complETAmente todos estos valores, no tiene ningún valor moral, ninguna religión, todo lo que dice son mentiras. Y no dejes que ahora que el Africano indocumentado lea este libro intente copiarnos "según él" y siga engañándolos a todos ustedes!

El Africano indocumentado está esperando este libro para leerlo y empezar a hacer todo lo contrario, como siempre.

YO, AGUILA DE CABEZA BLANCA DECLARO ANTE LA CORTE SUPREMA DE LOS ESTADOS UNIDOS, QUE EMPIEZO A ESCUCHAR IN MIS OÍDOS QUE EL AFRICANO INDOCUMENTADO ÉL SOLO DIJO ESTA MAÑANA 8:48 HRS. HORA CENTRAL 27/02/2012 "EL DEPARTAMENTO DE POLICÍA DE ESTADOS UNIDOS NO NECESITA TRAMITES PARA LA DETENCIÓN DE PERSONAS, PERO QUE EL DEPARTAMENTO DE POLICÍA DEBE DETENER A PERSONAS INMEDIATAMENTE SIN NINGÚN PROCEDIMIENTO, Y VOY A DAR UNA ORDEN EJECUTIVA PARA QUE SI

SE PUBLICA UN LIBRO TE ARRESTEN Y RETIREN
LA PUBLICACION"! Y DESPUÉS DE ESO PIDO TU
LIBERACIÓN.

Y copie esta historia con información de la investigación
de su Estado Migratorio indocumentado, desde la Internet
que hizo el informe impactante llevando las noticias de ABC,
CBS, NBC, Fox y CNN porque así tenía que ser publicado
y porque tiene que ser publicado el informe para hacer
del conocimiento de todos los Estadounidenses. Y estoy
publicando la copia de estas historias publicadas en Internet,
para que no ocurra nunca confusión en la sociedad. Y por la
razón de que personas de bajos ingresos no tiene acceso al
Sitio Web y en este momento es necesaria para llegar a todos
ellos y con el lenguaje más simple que los residentes de los
Estados Unidos de América puedan saber la verdad de lo
que está sucediendo. Porque incluso si millones de personas
no son ciudadanos, de todos modos están haciendo campaña
participando en las organizaciones sociales, apoyando
dictadores sin precedentes, y están alimentando sus corazones
con el Africano indocumentado.

El 26 de enero de 2012 fue publicado una historia donde
aparentemente el Africano indocumentado fue ordenado en
la Corte a presentar su certificado de nacimiento original,
todos los pasaportes que ha usado, Registros de Inscripción
Universitaria y tarjETA de número de Seguro Social para
cada uno de los muchos nombres que él ha utilizado en
total en su vida, desde que estaba in África y luego en los
Estados Unidos, incluyendo diferentes apellidos también
porque llevo uno de adopción en Indonesia, y la historia fue
publicada en el noticiero nacional dice que el Estado está
informando de que el certificado de nacimiento o prueba de
ello fue alterada. Y también dice la publicación que cuando
estaban haciendo la candidatura presidencial para 2009 La

congresista Sra. Pelosi democrática, altero las actas de la Comisión del Congreso de las elecciones de 2008 para el certificado de nacimiento del Africano indocumentado. Y he leído que se publicó in el Noticiero Nacional también la historia que el Africano indocumentado realizó un pago de 2,8 millones de dólares para ocultar su certificado de nacimiento.

Esto me llamó la atención porque esta publicación es un caso sin precedentes. Se debería anunciar las historias complETAs y con documentos de la Corte de los Estados Unidos. ¿También se preguntan cómo están permitiendo un Africano indocumentado de esta naturaleza en la Presidencia? Puede ser de peligro para el país y el mundo entero, y mi opinión es que las autoridades deben ejecutar la ley, o las Noticias Nacionales deben detener a este escándalo. Esta es una muestra de la bondad de los señores del Senado republicano, porque tienen el poder de esforzar la ley en este caso y sin embargo no lo hacen. Le tienen lastima al Africano indocumentado. Pero lo que más me gustaría es que todo debe aclararse; Si buscas inspirar respeto. ¿Me pregunto hasta dónde llega la negligencia de las autoridades, de los representantes de los Programas del Gobierno de los Estadounidenses? Que dejan entrar al Africano indocumentado en el país y en todos los Programas de Gobierno y ahora están diciendo todas estas historias y la forma fraudulenta de cómo obtuvo una licencia de conducir. Si no fuera por mis historias de amor en el canal Telemundo, yo simplemente mandaría cortar el Cable de la televisión.

12, 2010 Cuando uno de los oficiales de la Presidencia presentó su dimisión a retirarse de la obra, el africano indocumentado le dijo ante las cámaras de TV, "Su país está a salvo. Dejando en evidencia su identidad extranjera.

El Africano indocumentado pertenece a África, y es en the African Continent, en el Continente Africano donde debe quedarse para siempre, y por los siglos de los siglos, amen, amen, y aaaamen.

Echa un vistazo a sus dedos; no olvides echar un vistazo a sus dedos. Y tomar una mirada a sus ojos horribles que se vuelven hacia la nada cuando responde; no te olvides de echar un vistazo a sus ojos horribles!

Dijo que todo lo que sucede... mmmmmm, ya no es lo que iba a decir que pasa!

Todos esto es un asunto que tiene que ver con todo el mundo! Debemos ser conscientes de que el Africano indocumentado no sabe nada de las creencias de Estados Unidos de América. Debemos estar conscientes de que el Africano indocumentado mucho menos sabe nada de las creencias de la Hispanidad!

Yo, Águila de cabeza blanca, declaro ante la Corte Suprema de los Estados Unidos de América, que hice un chequeo y revise cuidadosamente al Africano indocumentado mentalmente a través de la mente dentro de mi cabeza y aunque no soy médico, pero soy enfermera y me encontré con que el Africano indocumentado también es deshabilitado mental, y porque tiene Disfasia in el hocico. Y lo puedo comprobar in tres minutos. Y él es la cosa más horrible que he visto en mi vida!
En el canal de televisión CNN, algunas señoras telefonearon para declarar que ellas saben que la condición migratoria del Africano indocumentado es indocumentado!.

Pido a todas las autoridades de Estados Unidos y a todas las personas y todos los jueces de los Estados Unidos de América protegerme contra el Africano indocumentado porque estoy teniendo alucinaciones de su voz indocumentado de la Africa Negra, oigo en mi mente su voz abordándome con amenazas de muerte hacia mí si publico cualquier libro! Y dice que él inmediatamente llamará a la Vice-presidencia para detener a la fuerza mi libro!

Pido a todas las personas en todos los rincones de la tierra que protejan mi reputación porque el criminal Africano indocumentado está diciendo que tenía relación conmigo y eso es complETAmente falso, él está mintiendo como siempre, nunca hablo con él y nunca estuve cerca de él, y millones de veces cada día él está intentando ensuciar mi reputación. Yo le tengo un profundo repudio a él para toda la eternidad con mi mano firme y mis ojos firmes.

Capitulo Dos

2010 El Gravoso e Insoportable

Antes de entrar en el análisis de este caso singular de 2009 y los Estados Unidos y el Africano indocumentado, me parece pertinente hacer una breve observación sobre el origen de mi preocupación en este caso. Nunca fui exactamente interesada en la política del mundo, si en caso de ver la TV, siempre fue centrando mi interés en las familias de la realeza, a mí misma identificaba con esas bellas Princesa de la tierra.

Toda la gente debe saber quiénes están involucrados y quienes están apoyando al Africano indocumentado en su infinita envidia por los Estados Unidos de América:

Esta es la historia con el juez municipal El Servidor Secreto de Las Cruces, N.M:

En el 2003 tuve un conflicto con mi novio. Un día llegó a mi puerta y me golpeó con la mano cerrada. Y eso fue de sorpresa para mí, y mi Pastor y hermanas de la iglesia me recomendaron llevarlo al Tribunal porque lo encontraron haciendo el crimen y luego corrió, y lo lleve a la Corte. Y a cargo del Caso estuvo el Municipal juez El Servidor Secreto de Las Cruces, N.M. En la audiencia de Corte Legal, mi ex novio estaba en compañía de una amante femenina muy nueva con tres pequeñas niñas, y él se confesó culpable. Y el Municipal juez El Servidor Secreto le dijo esta palabras, "Esto no es nada" sosteniendo el archivo con su mano y siguió diciendo, "Y tienes cien dólares de multa, pero no te preocupes, porque se los voy a dar a su nueva novia más reciente para que ella compre ropa a sus tres hijas, así que prométame que los usara in ropa.

El caso fue el último en esa noche y en ese momento fue después de 16:00 y no dijimos nada porque el medical taxi estaba esperando a mi hija pequeña y a mí para llevarnos a mi cita en Albuquerque a la cirugía plástica de mi hija. Y todos nos salimos de la sala de la Corte, en silencio. Así fue como conocí por primera vez a El Servidor Secreto.

Los siguientes meses seguí viviendo con el acoso de mi ex novio en el barrio, aunque él tenía su casa lejos al otro lado de la ciudad, también usaba todo el tiempo para elucubrar porque no trabajaba y tenía el Welfare, que es la Ayuda Pública para las tres niñas, y la casa de su madre, sin ningún alquiler.

Hasta que un día cuando finalmente dejó a su amante y sus niñas, y a su mamá y se movió a uno de los Estados del Norte!

Pasaron los años y en 2007, cuando yo estaba viviendo muy feliz con mi hija pequeña, en mi casa hermosa, con gran trabajo, coche bonito, amor, salud y todo lo bello, etc., reputación y respeto in todo el barrio, fue que empecé a percibir algunas voces que hablaban de mí, e inmediatamente puse toda mi atención y sentí una especie de somnolencia y cerré los ojos y me encontré con que el Municipal Juez El Servidor Secreto estaba soñando con mi retrato imaginario de mi cuerpo, de cuando yo era joven, con mi vestido que lleve cuando era joven con mi ex marido, y El Servidor Secreto aparecía tomando mi imagen imaginaria de cuando yo era joven de "mi", de mi cintura todo en su imaginación, baile, romántico muy bonito, dulce y cariñoso, me besa como Kent Clark y diciéndole a mi concepto palabras muy románticas, como la danza de la historia de la bella y la bestia.

¿Entonces me senté en el sofá de mi sala de estar realmente molesta, y comencé a identificarme en voz alta, llamando in voz alta, "Acaso no soy la dueña de Álamo Gordo?, tal vez no soy la socia de Álamo Gordo Rodeo?, yo no soy de Griffin, quien llegó desde Europa y estableció mi casa en Álamo Gordo?, yo no soy la mujer que ha tenido exclusivamente los hombres más bellos sobre la tierra?¿, Soy no quien repudia el crimen?, tal vez no soy Doña Águila de cabeza blanca, quien se matrimonio por la Iglesia Católica, quien tuvo matrimonio por la Corte de los Estados Unidos y matrimonio por amor?

Entonces desgarre toda mi ropa la que estaba vistiendo en ese momento y empecé a beber algunas latas de jugo de uva. Y todo el tiempo él estuvo haciendo su escena romántica con mi imagen in la imaginación, sin miedo y según él tratando de engañarme, y gritando que todos los jueces comen sus partes privadas porque él está gestionando sobre todos ellos, y gritando que la Dinastía de El Servidor Secreto es muy poderosa.

Al día siguiente, entonces, inmediatamente inicie buscándolo porque en mi mente empecé a tratar de identificar su figura, porque no sé quién era él, hasta que apareció en la visión, con su Toga de juez fue cuando empecé a pensar que quizás se trataba de ese juez que vi en la Corte con mi ex novio hace muchos años. Porque yo lo había mirado rápidamente sin mirar bien en la Corte Municipal hace mucho tiempo. Fui a todos los tribunales en busca de él, porque en su sueño fantasía él usa su túnica de juez color rosa fluorescente. Buscarlo me tomó toda la mañana y fue laborioso y la Dependienta de la Corte de todos los tribunales de corte Magisterial, me dieron una lista con todos los miembros, y no encontré nada.

Entonces me fui a la Corte Municipal, al otro lado del mismo edificio en aquel momento, y revise casi todas las salas de audiencia allí, donde había una fotografía grande del juez correspondiente en cada habitación, por fin y al mediodía, encontré una sala vacía en el Tribunal Municipal y verifique con la dependienta sobre él, y ella me dijo que esta sala estaba vacía porque estaba reservada a los juicios por la tarde, y el juez a cargo era el Municipal Juez El Servidor Secreto, de lunes a viernes y a partir de 14:00 horas.

Salí para obtener un sándwich y tuve el almuerzo en mi camionETA, entonces, antes de las 14:00 horas, entre en su sala, junto con muchas otras personas, y casi sentada en frente de su escritorio.

El Municipal juez El Servidor Secreto llego al pequeño cuarto de la Corte después de las dos, y nos miramos mutuamente inmediatamente. Y más tarde fue sólo con la cabeza hacia abajo sobre los documentos, pero me moví más en frente de él, donde no había nadie más y el me miro, y regreso su cabeza hacia abajo y empezó a decir mentalmente, "Es muy Bonita" (En Español). Inmediatamente bajé de ese lugar, sabiendo que él era el que está soñando con mi amor, haciendo sexo en su imaginación y con el espíritu y la mente en la noche con mi imagen en su mente. Fuera de su sala de la Corte, en todos los pasillos estaban los guardias del Departamento del Sheriff y les pedí donde podía reportar al Municipal Juez El Servidor Secreto porque que él estaba oscureciendo mi vida. Inmediatamente el Sheriff trajo para mí en la Oficina una forma para referirla a la Comisión de normas judiciales en Albuquerque.

Subí a mi camionETA Ford Explorer y me detuve en el departamento de policía y senté mi cabeza sobre la tracción y empecé a llorar en crisis con sufrimiento para el sentimiento de impotencia porque no tenía las palabras para relatar que este criminal estaba atacando a mi espíritu y a mi mente, mentalmente. Y por esto no pude hacer el informe a la policía porque se trata de males espirituales donde él cuenta con una concentración horrible en las personas para conseguir estas cosas.

A continuación, algunos minutos más tarde otra vez empiezo mi coche y fui al hospital mental de Consejería Psicológica South West Counseling of Las Cruces, N.M. Estaba en la sala de espera y pocos minutos más tarde me recibió una señora alta con gafas, su nombre es Doctora Carmen Díaz de Puerto Rico, terminó sus estudios en Nueva York y ella me llamo indicándome pasar a su oficina.

Adentro, doblé las piernas y me senté en el piso de su oficina y empecé a contar toda la historia, al mismo tiempo ella me escuchaba con atención, sentada en su silla a su escritorio, y al final le implore que me ayudara a llevar a la Corte este tipo de delito que es a través de la mente.

Con la intención de esforzar la ley sobre el Juez Municipal El Servidor Secreto y ponerlo en la cárcel (Porque yo he sabido de casos donde hombres utilizan hipnotismo a las mujeres y así han cometido violación y han sido procesados). Y a mis súplicas, Dr. Díaz desarrolló un instante de actitud molesta moviendo todo su cuerpo, diciendo, "Ay Aguila"! Como si yo estuviera hablando de algo muy laborioso. Y ella me dijo: "Espere aquí un momento le pediré al Director si podemos hacer eso", y ella se movió fuera de la Oficina. Y cuando regresó, ella me informó muy bien a mí que lo único que ella podía ofrecerme en el Centro de Consejería South West, era darme un programa de Consejería, para que den tratamiento psicológico.

Acepté, y la Doctora Carmen Díaz me explicó que sería sede de objetivos en corto tiempo, con su instrucción y también con la medicina, poniéndome bajo medicación. Entonces, me dio mis citas para el Psiquiatra para obtener la medicina correcta y para asesoramiento cada semana con ella.

Luego empecé a escribir inmediatamente todo que El Servidor Secreto me decía todas las noches, y como se comportaba el, y presente mi Demanda ante el Tribunal Judicial Standards Comisión Master en Albuquerque, N.M., donde dETAlle muy bien cómo él me estaba diciendo amenazas de muerte, y que él va a configurar un cuchillo en mi hígado y que él va a poner un candado en mi boca, etc. constantemente para hacerme callar y cómo él intentaba hacer conflicto en mi área de trabajo, amenazando y también mediante la loca mujer bisexual desesperada que esta in Durango, México, pero que él usa la telepatía a través de ella, porque ella está concentrada in me y se concentró y me está abrazando en espíritu. Y los Judiciales empezaron a trabajar inmediatamente en su caso, y también tenía mal record porque en 2004 Judicial Standards Comisión encontró pornografía en su computadora y en ese momento no hicieron nada para el Municipal juez El Servidor Secreto, pero ahora si habían comenzado las investigaciones inmediatamente.

Los rasgos de la Comisión de normas judiciales estaban trabajando con los días. Y un día, me puse en contacto por teléfono con el Sr. Raúl Roberto quien estaba trabajando en la Comisión de normas judiciales en ese momento y me preguntó por algunas cosas que yo necesitaba enviar como evidencia, para trabajar en el caso y con todos ellos la Agencia estaba trabajando con mi queja. Sr. Raúl Roberto me dijo que él personalmente y todos los jueces y resto del personal, estaban muy sorprendido porque El Servidor Secreto que era su compadre y fue muy sorprendente. Pero pocos días más tarde el Sr. Raúl Roberto me contacto por la labor del Tribunal en el caso. Y en 10 de octubre de 2010 El Servidor Secreto fue removido de su cargo como Juez de la Corte Municipal, para siempre.

El Servidor Secreto estaba desarrollando sin miedo y agresivo, mente y espíritu, su sueño de amor conmigo en su imaginación, todas las noches y más cuando su esposa estaba fuera de la ciudad, porque ella trabaja! Y también estableció bajo su dominio su pandilla de espíritus bisexual y homosexual, con cuatro miembros originales de pioneros activos en 2009:

1- La Señorita Mombasa, Mexicana, psíquica, en Durango, México.

2- Raul Roberto, México-estadounidense, Ex Judicial, en Albuquerque, Estados Unidos.

3- Taringa, enfermero de un asilo de ancianos American, en Las Cruces, N.M. Estados Unidos.

4- Nagy Say, Musulmán Africano, conseguía asistencia psíquica desde Egipto, África.

Todos que están conectados mentalmente las 24 horas del día.

Y ahora, cada noche el Africano indocumentado aparece de noche in espíritu afuera del universo él solo, tratando de contactar al Congreso para engañarlos, y a algunas familias de Ciudad Juárez, Chih. Para estar molestándolas.

Y yo he interceptado en mi mente, mentalmente, en mi cerebro cuando estoy yo en mi casa, todos los personajes que aparecen en este libro, sin tocarlos, y sin hablar con ellos y sin entrar en cualquier comunicación con alguno de ellos, sólo percibir.

Y por las palabras que escribo en estos párrafos sólo pido a todos a todas las personas, que me protejan del Africano indocumentado porque es infinitamente repugnante y me tiene llena de terror, y no permitan que el ensucie mi reputación porque él está buscando una oportunidad para intentar pasar por donde yo paso, conmigo, y rosarse conmigo, y eso es imposible, y él está tratando de ensuciar mi reputación diciendo que tiene relación con migo y es la mentira más grande que existe, por lo tanto yo lo repudio profundamente con todo mi ser y por toda la eternidad.

Esta es la historia de la Señorita Mombasa:

Ella es una antigua, eterna solterona, inadaptada, ella vive en Durango, México, ella nunca fue a ninguna escuela, prostituta por oficio de su vida complETAmente y ella es homosexual y bisexual, le gustan mucho las chicas jóvenes, a ella le gusta el sexo entre tres personas al mismo tiempo, ella me invitó con un anuncio de periódico en la mano y todo el tiempo se echa en su cama, vestida, y ella inicialmente viene desarrollando su problema mental concentrándose en su presa mientras que ella está encerrada voluntariamente en la habitación, se aferra diabólicamente por la mente al hombre y en su vida tuvo un tratamiento de Neurosis temporal, pero sólo encontró un número infinito de hombres de todo tipo, que durante el intento tuvieron que apresurarse a desaparecer para siempre y cuando ya se le habían acabado todos los hombres y su familia, quedó abandonada en su casa y El Servidor Secreto y los otros mafiosos de espíritus le dieron el apodo de "La Diosa de Plata" y son muy agradecidos con ella para el sexo múltiple que tienen con ella, y ella se dedica a concentrarse con toda su fuerza todo su tiempo horriblemente, en mí, haciendo su conexión loca en mi mente, in me a través de la distancia para enjuiciarme y matarme y por eso vivo en la ciudad de Las Cruces, N.M. en el norte de los Estados Unidos.

Esta es la historia de Mr. Raúl Roberto:

Conocí a Mr. Raúl Roberto por teléfono, cuando lleve mi caso a la Corte Suprema. Un hombre de sesenta años de edad y es compadre de El Servidor Secreto y él me prometió que dedicarían su vida a perturbarme mentalmente por la mente in mi cabeza a través de la distancia. Pero yo nunca investigue por qué lo hace o que fue la causa. Pero todavía me envía amenazas.

Esta es la historia de Taringa:

Conocí el Taringa en el hogar de ancianos en 2009, donde fue mi Supervisor pero muy pronto tuve que informarles a mis directores porque él empezó a decir que tenía sentimientos de amor para mí. Y ese día cuando vi que comenzó a ganar popularidad por estar enamorado de mí, presente mi renuncia y salí del Centro para siempre, dejando una carta pidiéndoles a mis jefes y a todo el personal que no moverlo ni alterar la situación de la posición que él siempre había tenido ahí en esa casa para convalecientes, como un soltero y fracasado in el amor y sexo, con su cara rojiza e irritada por las espinillas. Fue interceptado para la pandilla de espíritus a través de la mujer demente la Señorita Mombasa, que es como me está abrazando mentalmente por la mente y en espíritu, acostada en su cama desde México.

Esta es la historia de Nagy Said:

Un día en diciembre de 2008 cuando mi hija mayor me dijo: "Mamá, creo que tú serías más feliz si conocieras amigos de MySpace, entonces en este momento ella me registró en el programa" y al día siguiente, recibí una llamada telefónica de mi primer amigo que me interceptó en estos programas de personas por medio de la computadora. En el teléfono estaba Nagy Say desde Alejandría, Egipto.

Empezamos la relación para obtener matrimonio, y la mujer demente señorita Mombasa que está viviendo en México, lo contacto a través de mí, mentalmente por la mente, y él aceptó su placer sexual y más tarde El Servidor Secreto y todos los demás miembros de la pandilla de espíritus de Las Cruces, Nuevo México y se inició haciendo colectiva sexo, todas las noches y afuera en el universo hablando y haciendo una relación de espíritus y placer realmente. Y fui y empecé a tratarlo en contra de este grupo de demonios, pero seguimos adelante porque de todos modos me siguió enviando mensajes a mí donde me admiraba mucho y dijo que apreciaba mucho compartir mi patrimonio cultural y apreciaba a mis hijas, y también hablaba con sus funcionarios y parientes de mi relación y todo el mundo en Alexandria, Egipto estaba esperando siempre mis cartas para avisarle a Nagy Say.

Hasta que un día, cuando el Africano indocumentado, consiguió meterse en la transacción sexual de una noche, de repente, sin invitación y tras el acto sexual espiritual la sombra negra del Africano indocumentado encontró refugio en cuerpo de Nagy Say, allá en Alexandria, Egipto, África instalándose in Nagy Say la sombra negra moviéndose con estúpidamente infinita risa in el enorme hocico del indocumentado Africano y felizmente moviéndose en todo el mundo en su espíritu, Nagy Say decidió abandonar a los mafiosos de la cuadrilla de espíritus y seguirme.

Porque lo que ocurrió esa noche fue que el Africano indocumentado tenía ya mucho tiempo sólo viéndolos, toda la noche y aparecía parado como en la puerta de la Presidencia para esta dirección, con envidia infinita y enviándoles maldiciones y sensación horribles diferentes emociones de profunda envidia.

Pero pocos días después vi en mi mente que Nagy Say tuvo la oportunidad de verse con el Africano indocumentado por la noche en espíritu aquí en el país en la Presidencia e inmediatamente Nagy Say empezó a reiterar al Africano indocumentado su consideración y extendió su mano al Africano indocumentado. Y al día siguiente que vi en las noticias que se eliminó la deuda externa que Egipto tenía con los Estados Unidos de América, y envié una carta a Nagy Say, explicando que lo vi haciendo contra la ley y que si lo veo nuevamente, yo llamare inmediatamente a las autoridades, y que tenemos que terminar la comunicación para siempre! Y después no supe ya nada de él, y bloquee y elimine mi perfil in el Programa MySpace.

Pero cuando estoy escribiendo esto, es 06 de febrero de 2012 y el Africano indocumentado ya dio otra gran cantidad de dinero a Egipto, como regalo.

Pero es necesario aclarar que aunque la Comisión Judicial Estándar de Albuquerque, ya estaba tras El Servidor Secreto, él ya me había empezado a proteger del horripilante Africano indocumentado desde el 2009 cuando había aparecido tratando de tocarme por la envidia infinita que le tiene a El Servidor Secreto y a mí. Porque él es homosexual, y El Servidor Secreto lo detenía cada día interponiéndose, cubriéndome con su fuerza extrasensorial o espíritu sin proponérselo, con su energía agresiva con que El Servidor Secreto cuenta. Porque no quería que el Africano indocumentado llegara a él. Y así mismo El Servidor Secreto fue que me protegió hasta el día tres de noviembre de 2010, cuando los Republicanos ganaron el Capitolio, y el Africano indocumentado salió de la Presidencia corriendo, llorando desesperado en depresión, pidiendo en lágrimas a El Servidor Secreto instrucción para violarme, y ese mismo día, El Servidor Secreto empezó a hacer un trabajo muy duro dando entrenamiento al Africano indocumentado para violarme en espíritu y mente a través de la distancia.

Pero en el período cuando El Servidor Secreto estuvo protegiéndome, también tenía que llamar in voz alta su nombre muchas veces, porque desde 2009, el indocumentado Africano me estaba observando y a mi familia, entonces él quería colocar su sombra negra en todo hombre que había en mi vida por envidia infinita, y cada vez cuando él intenta poner su sombra negra sobre alguien, yo nombraba el nombre El Servidor Secreto, para detener al Africano indocumentado! Porque todos tienen el poder sobre el indocumentado Africano, aunque desde Noviembre de 2011 El Servidor Secreto accedió ante las lágrimas del Africano indocumentado para darle una formación y capacitación para intentar violarme mentalmente, por la mente y espíritu como venganza contra los Estados Unidos de América, por la victoria que tuvo el Honorable Republicano.

El indocumentado Africano siempre está amenazándome si no dejo que llame mi nombre Santo e intente copiarme y ver cómo visto, etc. mi estilo porque le gustaría ser yo, o al menos alguien con Etnicidad diferente, le gustaría ser cualquiera excepto el mismo!

El Africano indocumentado dice que él es el mismo que El Servidor Secreto. Pero él miente, porque ellos no tienen nada en común.

A principios de 2009, yo estaba descansando en mi casa, esta unidad que el departamento de policía había usado para hacer entrenamiento inmediatamente antes de estar bajo mi nombre. La dirección es 2210 Dr. King Way, Las Cruces, Estados Unidos. Estaba en la habitación de mi hija Victory, tendida sobre mi parte inferior, y de repente me volví horrorizada a la dirección Noreste de la esquina del país, porque escuché al Africano indocumentado, pronunciar mi nombre, escrito en una carta. Y vi de pie al Africano indocumentado hacia el Oeste como si leía, sosteniendo esa hoja de papel con ambas manos, a la altura de su estómago; y vi mi nombre cayendo en el espacio, capturado muy molesto envuelto en la tela de delicia de su estúpidamente infinita saliva, en la parte superior (de la hoja de papel) la que está a la vanguardia del dominio acerca de El Servidor Secreto; porque él está mendingándole para ser aceptado como su alumno psíquico criminal exclusivo y mientras algunas veces como su jefe, cuando tiene que ir a diferentes entrevistas ante las cámaras de televisión y El Servidor Secreto en la distancia lo cuida de mí si es necesario porque cada una de esas ocasiones, me transmite un "Ejecutivo Mental Orden" por la mente, y yo tengo que girar hacia la televisión donde él está esperando que le vea cómo es su nuevo look, como cuando él se extirpó con cirugía su horrible verruga que tenía en la cara y él quería ensenarme su rostro Africano indocumentado. Y a la cabeza de la demente señorita Mombasa que todos quieren y es complETAmente impotente y loca, que me está distrayendo con lo que el me dejaba, debido a su discapacidad, demencial y desvalida y ninguna opción y ella es una herramienta para todos y mira horrorizada a la dirección donde ve mis imágenes con el Africano indocumentado fabricadas por el mismo copiándole in esta forma a El Servidor Secreto.

Y desde ese momento, en mi mente, mentalmente en espíritu, empecé a vivir como Jaycee Lee Dugard, kidnaped en 1991 por Phillip Garrido en South Lake Tahoe, y que le tenía amarrada en un cobertizo en el jardín posterior durante dieciocho años en Atioch, al Este de San Francisco, Estados Unidos, y con quien tuvo dos hijas.

Las Cruces, N.M. 06 de febrero de 2009.

Senador demócrata

Estimado Senador demócrata de mayorías:

Estoy escribiendo esta carta para hacerte saber que tengo estas alucinaciones en mi mente, mental donde el Africano indocumentado apareció en la Presidencia y está diciendo que él va a robar mi nombre, mis conocimientos, mi cristianismo, mi comida, mis creencias, mis cosas, mis trajes, mis zapatos, mi estilo, mi piel, mis palabras y toda yo, porque él no tiene nada. ¿Pueden creerlo?

Y también, hoy 06/02/2009 él y su esposa, estaban intentando comer todos los alimentos de la mesa en la Presidencia, con la mano y con los puños y cuando vi con sorpresa, bajé desde donde estaba mirando y se pusieron muy enfadados y no sé por qué y el Africano ilegal empezó como orangután moviéndose como si tirara hacia mí, una chulETA de cerdo. A continuación, simplemente estoy reportando este asunto que sucedió y realmente vi que a ellos les gustaría comer mucho en desorden dentro de la Presidencia.

También dice el Africano ilegal que le gustaría participar en el crimen!

Gracias

Respetuosamente

Águila de Cabeza Blanca

Con copia para:

Sr. Senador Independiente.-

El senador de Arizona.-

Honorable Sr. ex-Presidente 2000.-

Honorable Sr. ex-Presidente siglo 20.-

SecrETArio General de la ONU.-

Más tarde en mi mente perturbada, vi en mi ojo izquierdo la imagen del Senador Demócrata de mayorías que salió al espacio universal para ver el show Africano indocumentado y también tengo en mi imaginación como si él me hablara a mí y como si él podría decirme, "Qué cosa tan horrible te está sucediendo!, mira! Voy a seguir ahí, ahí, a los pies de él!", señalando con su brazo y dedo derechos, a los pies del Africano indocumentado y fue inventado en mi imaginación que después de decir esto, se fue.

Y cuando yo estaba escribiendo todo esto a las autoridades como el honorable ex Presidente desde 1992 y otros, estaba escribiendo escrito con mi pluma sobre la mesa de mi cocina, y todo el tiempo constantemente el indocumentado Africano estaba viéndome diciéndole al Servidor Secreto, "Todavía ella no se ha ido? si sólo estoy buscando una, sólo una oportunidad". Dijo moviendo su dedo horrible!

Desde 2009 está desarrollando la infinitud de problemas emocionales que él tiene y es un cuadro clínico grande que tiene que ser asistido in la sala de emergencia primero y después permanentemente por los médicos y medicina permanente. Y me los transmite a mí, se concentró en mí, pero de manera anormal porque intentaba "ser mejor que los otros" (cosa que nunca podría ser posible porque los otros son mejores desde el comienzo de sus antepasados ya) y cuando 2009 comenzó y él vio a los Senadores en el Capitolio en un estado de confusión y congelados, se preocupó del alto honorable Senador de Arizona, y dijo muy disgustado porque tenía que retirarse de estar mirándome, "Hey, Servidor Secreto Cuídamela mientras vuelvo, voy a ver que le puedo dar a este......., lanzando su brazo anormal hacia el Capitolio. Y en pocos minutos él regresó prometiendo una y otra vez, "Jaaaa, ja, ja, voy a copiarles a todos ustedes y seré la perturbación más grande del mundo"! Mientras tanto yo fui escribiendo todo lo relativo a todas las autoridades del país.

En 2009 estaba viendo el canal de TV Washington hoy, y dijeron que en 2009 y sin informar al país, el Africano indocumentado fue a las Naciones Unidas al concurso donde sugirió que in Chicago fueran los Juegos Olímpicos, no sabiendo que Chicago es una de las ciudades donde hay más violencia en los Afroamericanos que tienen un gran % de los cupones de alimentos, y sin saber que en Chicago en verano y cada invierno muere gente por el clima y la falta de calentadores o enfriadores, etc.

Y el Senador alto de Arizona no encontrando más solución, porque el noble Senador Demócrata decisión fue la de apoyar al Africano indocumentado, se levantó y se retiró para comenzar a trabajar en cuidar mejor las fronteras del país, etc.

Y ese día al inicio de 2009 y cuando los Senadores ya tenían en sus manos mi carta, en el Capitolio había confusión por el peligro que pudiera aparecer una idea que pusiera in peligro la atención médica en los Estados Unidos.

En 2009, al mismo tiempo llevé el Caso a la Suprema Corte de los Estados Unidos de América, en Washington y a todas las autoridades del país.

Debido a que desde 2009 el Africano indocumentado muy muy pobre como un fósil estaba viendo la pandilla de espíritus del Servidor Secreto haciendo el sexo, y él estaba lleno de envidia diciendo, "Tontos, no saben lo que yo puedo hacer"!

Empecé a hacer una "Prueba" en mi mente mentalmente a la horrible figura Africana indocumentada que es lo más horrible que vi en toda mi vida! Para saber quién es este pobre Africano indocumentado figura que intentaba tocarme por espíritu y mentalmente por la mente? Y que desde unas semanas había empezado a pensarme insolentemente, deseando tener incluso relación con mi santo nombre y de toda mí. Cada noche cuando él sale al universo se muestra como orangután, y en 2009 yo le mostré figuras como una gigante

y alta corona de oro, con una larga, larga capa de terciopelo
rojo y rápidamente coloco los objetos en su cuerpo horrible
y cabeza; y le muestre un pedazo de basura, la imagen de los
Presidentes de Estados Unidos. Y la imagen de la Sra. Laura
Bush, el ruido de un par de altos tacones, etc., mostrando todas
esta imágenes a la vez, muy rápido y cada vez más rápido.
Y siempre estuvo en respuesta como insolente orangután
luchando todo el tiempo en barbecho que todo con la actitud
de la seguridad de que algo más vendría después de cada
cosa; y mejor detuve esa "sesión" cada vez! Y mientras tanto
el Africano indocumentado siempre se mostraban intentando
tocar las imágenes de esos conceptos, con sus manos
anormales en la imaginación y todos estos tiempos el Africano
indocumentado mostraba enorme súper energía, mostrando
su infinita sonrisa estúpidamente, Africana indocumentado,
riendo y con una actitud de espera para obtener más conceptos
para tocarlos. Y antes de cerrar la "Prueba" le mostré una
imagen de mí misma, en la lejanía, con mis brazos y mis
manos como deficiencia mental discapacidad genética,
más aún, trenzados y riendo con estúpidamente demencia,
emitiendo un chillido, que en la deficiencia genética significa
reír. Y cerré la "Prueba" gritando fuerte tres veces, Arizona,
Arizona, Arizona; y el empezó a agitar sus rodillas gigantes
muy rápido a la velocidad de la luz, y para estar segura de lo
que estaba viendo con mis propios ojos, desgarre sus piernas
horribles de sus pantalones y pude ver que estaba temblando
mucho, inesperadamente corrió llorando en un ataque de
nervios con crisis emocional! Para abrazar una imagen de
hombre africano que aparecí para ver qué pasaría. En pocos
días termine la "Prueba" y envié los resultados al honorable ex
Presidente del 2000, en una tarjETA de correo y los resultados
fueron que "He encontrado sólo un muy, muy pobre Africano
Indocumentado en la Presidencia".

Y desde ese día, cuando envié estos resultados ya que
tiene las orejas paradas que escuchan todo de mí, el Africano

indocumentado comenzó a obtener todo tipo de objetos muy caros grotescos para utilizar. Inmediatamente tratando de hacer lo contrario y desde ese día no dejo de hacer lo contrario de lo que dicen exactamente.

Y desde ese día, empezó a decir a todos que él y yo tenemos relaciones, pero es la gran mentira en todo el mundo porque nunca hablo con estos Africano indocumentado, y durante la "Prueba" que le apliqué a él únicamente, yo siempre estaba usando la técnica, sin emoción y con conceptos como imágenes de las autoridades, las cosas y animales, in efecto, cuando él está intentando perturbarme mentalmente, in mi mente y espíritu, por la noche como usa hacerlo, de noche, desde cuando él sabe mi nombre Águila de Cabeza Blanca.

Y unas semanas más tarde, en 2009, encontré que el Africano indocumentado ya había puesto su sombra negra sobre mi ex marido, por la envidia infinita!, entonces inmediatamente contacté con mi ex marido por e-mail dejándole saber el gran mal, y el Africano indocumentado estaba viendo a mi ex marido mostrando la plenitud de su belleza antes de divorciarse de mí, y lo que pasa es que el Africano indocumentado siempre está luchando por alcanzar las imágenes con sus manos anormales.

El Africano indocumentado se ríe de ellos! (Entonces hice lo que me dijo mi ex marido antes de que se divorciara de mí, lo que yo podía hacerle a los criminales cada vez que intentaran tocarme), y entonces le mostré al Africano indocumentado cada imagen de hombre de belleza única que encontré, y el Africano indocumentado sigue intentando tocar todos los conceptos, pero siempre se lo impido. Y cuando yo y la familia de mi ex marido tuvimos contacto por espíritu, mentalmente por la mente, a través de la mujer demente la Señorita Mombasa, que es como me está abrazando mentalmente por la mente y en espíritu, acostada (tirada) en su cama desde México, el indocumentado Africano se estaba moviendo como orangután y haciendo señales con sus manos anormales, como los sacerdotes católicos, como bendiciendo a todos juntos, con sus dedos horribles, y entonces, inmediatamente yo y la familia de mi ex marido comenzamos a maldecirnos mutuamente.

Removimos la sombra negra, y desde ese día sólo bendecimos el santo nombre de mi ex marido. Y tan así, con esta tarea asquerosa complETA, la sombra negra desapareció de la vida de mi ex marido. Pero fue duro y tuve que hacer mucho trabajo, con mucha gente juntos y presentar la imagen de mi ex marido en toda la plenitud de su belleza y en distintos escenarios y protección para que el Africano indocumentado no toque las imágenes, y hasta que un día, revise la gran cuestión y la sombra negra era no más en mi ex marido.

Y el Africano indocumentado todavía muy excitado, saltando como orangután mentalmente por mi mente en extremo con su infinita estúpidamente delicia apareció, en mi lugar de trabajo, lo que fue un hogar de ancianos. Haciendo lío y viendo los cuerpos y poniendo su concentración en la sangre de prensa ion. Y allí todo el mundo sabe y nadie puede describirlo.

Pero ahora estoy loca de terror porque él está listo permanentemente para robar a la velocidad de la luz, cualquier palabra que le gusta y lo que él puede encontrar en las oraciones, usar palabras como "buenas palabras", o "bonitas palabras", etc. independientemente de sí mismo, "Sin importarle que sería incluso para eliminarlas"!

Entonces, para esto pido a todas las personas a proteger mi reputación porque el Africano indocumentado es un feudo en el horrible sufrimiento para hacer sucia mi reputación! Diciendo que tengo relación con él, algo que es totalmente imposible! Por favor, rogad por mí a Dios me traiga a descansar y poner lejos de mí al Africano indocumentado repugnante maldito infinito.

Porque lo tengo en mi espalda mirando y me a pedido y me implora dejarlo que sea yo.

Declaro que la ciencia común Africana indocumentada es diferente de la ciencia común de Estados Unidos!

Declaro así que el Africano indocumentado tiene diferente reír, risa anormal de deficiencia, y su risa dentro de él es acerca de la demencia! Y en 2009 fue practicando en el espejo para celebrar esta demencia reír dentro de sí mismo nada más, al pueblo no percibirla. Y ahora, por lo que la gente no ve la risa, los lanzamientos sus horribles ojos los voltea hacia la nada, al hablar a otros o a las cámaras. (Y el Africano indocumentado comienza de inmediato in este momento, con un ataque de pánico. Publicaré todo!. Grite inmediatamente!. Y siente el terror horrible que tiene de especialidad el Africano indocumentado.

El usa infinito las palabras "pero" y "porque", y habla con preguntas y mantiene su acento Africano indocumentado cuando se presenta ante las cámaras porque es nuevo aquí y no sé por qué ninguna persona dice nada! Aquí es el Estados Unidos de América y tenemos que hablar un lenguaje apropiado o comprensible, o vamos a la necesidad de un traductor o vamos a ir a la atención mental en el hospital.

Dice, "No tienes tus sentimientos"! Y yo estoy declarando ante todo el pueblo que está mintiendo porque soy enfermera y también sé que los sentimientos horribles problemas emocionales desde el Africano indocumentado son demasiado!

Entonces nací y fui educada con todos los del Colegio de Ciencias y a continuación, siento yo y también sus problemas emocionales horribles de terror porque él es barbecho con el infinitamente terror y porque él es barbecho con el infinitamente estúpidamente la esperanza de ser yo y también para obtener cosas para sí mismo desde el nombre Águila de Cabeza Blanca.

Él comienza a moverse como orangután, para demostrarme con propósito su imagen horrible!

Y el Africano indocumentado dice que lo que quiere es que todo el mundo acepte sus crímenes!

Cada vez cuando él aún pronuncia mi Santo nombre, él lo envuelve en una parada de su infinitamente estúpidamente saliva!

El Africano indocumentado no tiene ningún sentimiento bueno! Dice, "No necesito amigos"!

Atención por favor, el Africano indocumentado dice, "mira, se comportarme como el comportamiento del latino, todo es posible, yo soy el padre"! Y él está mintiendo, porque él tiene sus músculos Africanos genealógicos desde los dos lados del tronco de su cuerpo controlando sus brazos, manos y dedos desde ahí; y si él perdiera sus brazos y piernas y cabeza, seguro que su tronco se sigue moviendo desde los músculos de sus dos lados del tronco. Y la gente Hispánica camina diferente! O, es más!, la gente Latina camina como quiera caminar!

El Africano indocumentado es la izquierda de la cabeza de los Hispanos"!

En 2009, el Africano indocumentado apareció en la Presidencia sintiendo infinita envidia por ser el honorable ex Presidente de 2000 Administración, luchando por tener una guerra como la guerra de Irak, para el!

(Que por eso repito que todo lo que sale de su hocico es interceptado por su sustancia Azufre en forma de sombra negra dentro de él).

Esa noche cuando El Servidor Secreto hacía su sexo con su banda de espíritus, donde utilizan para tocar a la loca mujer desesperada la señorita Mombasa la que esta in México; y en el momento preciso en que todo el mundo fue violando a ella, y sin invitación el Africano indocumentado consiguió tocar a la pobre mujer desesperada loca que está en Durango, México y en ese momento, dio un gran grito horrible como si ella vio al Diablo y fue tan horrible que tuve que llamar a la policía de Las Cruces N.M. donde vivo y atendieron inmediatamente en espíritu, porque en ese momento el Municipal juez El Servidor Secreto tenía dominio sobre todo el departamento de policía de esta ciudad y tuvo todo bajo su control y de cualquier forma, desde ese momento los policías lo estaban viendo, todo el grupo por la noche en espíritu por largo tiempo, hasta que la Comisión Judicial estándar renunció a El Servidor Secreto en octubre de 2010.

Desde esa noche la sombra negra que había quedado fuera del Africano indocumentado, se perdió buscando refugio, tras tocar a la Señorita Mombasa y la sombra negra trató de asentarse en Servidor Secreto, quien no la acepto y dijo muy disgusto, "HEY, HEY, ¿qué pasa?", y no vimos no más para esa noche la sombra negra del Africano indocumentado.

A la mañana siguiente estando yo sola in mi casa y cuando acababa de llamar más fuerte el nombre del honorable ex Presidente desde 2000 para avisarle lo que sucedió, sonó mi teléfono y fue Nagy Say, mi amigo de Alejandría, Egipto, y luego, después de tres minutos que hablamos en el teléfono, Nagy Say me dijo: "Oye, qué es esto? Y yo también tuve que girar mi cuerpo, porque en mi salón estaba la figura de Nagy Say, cubierto con la sombra negra del Africano indocumentado con su infinita sonrisa estúpidamente, y Nagy Say me dijo, "Tengo que cortar la comunicación" y dije "Esta bien", y el asunto desapareció! Entonces la sombra negra del Africano indocumentado esa noche de sexo se refugió en Nagy Say en Alejandría, Egipto, África.

Y ahora ya habíamos identificado a la sombra negra! Y lo que busqué con mi plegaria en lágrimas con El Servidor Secreto y Nagy Say, durante largo tiempo como un año de duración, fue mostrar e informar a las autoridades del mundo la sombra negra del Africano indocumentado, para la gloria y el honor de la especie humana sobre el Azufre del Africano indocumentado. Y que esto sería mi sueño realizado.

Pero contra mi oración El Servidor Secreto empezó a hacer que la Señorita Mombasa fuera tocada de diferentes maneras como para transferir plenamente las relaciones sexuales ya efectuadas al Africano indocumentado hasta Washington para que el Africano indocumentado no tenga que tocar directamente a la loca, la que está en Durango, México pues ella esta desamparada y para que el Africano indocumentado mantenga su Azufre para sí mismo. Porque si toca directamente a la Señorita Mombasa así como los demás gánsteres, la experiencia para ella es horrible como si hubiera visto al diablo y luego después ese acto la sombra negra de Azufre del Africano indocumentado queda perdida, refugiada in alguno de ellos temporalmente.

Y aunque realmente respeto a Servidor Secreto, él sigue sintiéndose mi enemigo, y después de todas estas cosas horribles de que a él no le importa nadie y él sigue dando sexo al Africano indocumentado en otra maneras, in otras formas; mi sueño de gloria se quedó sólo en un sueño. Pero no importa nada más porque voy a olvidar.

Más tarde, comencé a imaginar en mi mente perturbada que si el honorable ex Presidente desde 2000 administración continuara en la Presidencia abordaría a El Servidor Secreto preguntando acerca de los recientes acontecimientos del azufre de la sombra negra del Africano indocumentado, y todo lo tendría El Servidor Secreto en sus bellísimos archivos, explicando que todo era verdad, y cada uno testificó confirmando que era verdad y entonces, inmediatamente el honorable ex Presidente desde 2000 ordenaría a El Servidor Secreto, "No hacer sexo con el huésped de la Presidencia.

Pero en estos eventos, la deserción de mi cabeza llena de cangrejos imaginó que el Príncipe Mc Coco de los Estados Unidos de Norteamérica, que envía y dice las instrucciones de lo que haremos desde 2000 ordenó darle únicamente cero al Africano indocumentado.

El honorable ex Presidente de la administración de 2000 ya tuvo su tiempo ordenando a los reaccionarios detener un abuso enfermizo, porque también afecta mentalmente por la mente y en espíritu, pero El Servidor Secreto es un enfermo que no le importa nadie, incluso en su posición de Juez Municipal, yo lo escuchaba en mi mente, mentalmente más fuerte a menudo decir, "Todos los jueces me pelan mi verga porque estoy manejando y gestionando sobre todos ellos".

Y lo que El Servidor Secreto se dedicó a hacer fue dar capacitación al reaccionario Africano indocumentado y también hasta ahora todavía le enseñaba cómo podía violarme o al menos mostrarle cómo él podría tocarme por mente mentalmente en espíritu y también cada día, El Servidor Secreto le hace su promesa de servir y adorar fielmente al Africano indocumentado por el resto de su vida e incluso el otro día le dijo al Africano indocumentado en mi mente, mentalmente, "Cocina asado de carne y potatoes para recibir al Presidente Chino en Febrero de 2012"

Y al respecto de la señorita Mombasa, a quien El Servidor Secreto le dio el apodo de "La Diosa de Plata", lo que es en inglés, "The Silver Goddess", oigo en mi mente, mentalmente, que el Africano indocumentado todavía ha seguido teniendo contacto con ella lentamente (porque su sombra negra) y en su discapacidad indefensa sin remedio ella dice ay, en español "Aaay", y el Africano indocumentado dijo, "Bueno, dime cómo te gusta y lo haré cómo quieres, así?", y no puedo creerlo porque es tan increíble, pero la respuesta de ella, "sí", en español, hasta que termina. Estoy realmente llena de miedo y por eso todo lo informé a las autoridades de Estados Unidos!

Estoy llena de terror! No quiero secretos; Publicaré todo para toda la eternidad complETAmente!

El Africano indocumentado tienen dominio a la fuerza, sobre El Servidor Secreto que en octubre de 2010 ya fue retirado de la delincuencia, (todo está documentado en Comisión estándar Judicial), pero el Africano indocumentado con su mendicidad constantemente bañado en lágrimas había empezado a suplicarle al Servidor Secreto que lo entrenara in las habilidades de perturbación.

Y también él tiene dominio sobre la loca indefensa deshabilitada que está en Durango, México y que ella puede concentrarse en todo el mundo por la mente, también el lector, y ella no tiene voluntad propia, pero le gustaría detenerlo porque sus tradiciones en la República de México, desde donde me expresó al principio en mi mente mentalmente su repugnancia por el Africano indocumentado. Y que algunas veces ella quiere hacer pandilla con mingo, pero ella tiene mi repudio porque ella tiende siempre a la delincuencia, y estoy en contra de la delincuencia.

Luego el Africano indocumentado está obligando a ambos a perturbar mentalmente por mente en espíritus y en la forma de los psíquicos. El Africano indocumentado es una bajeza! Deshabilitado mentalmente complETAmente porque es lo que muestra a mí.

El Africano indocumentado siempre está experimentando alegría infinita, aun cuando él asaltó mentalmente por la mente y en su espíritu horrible por primera vez la casa de la mujer demente indefensa en Durango, México, y la puso muy disgustada, tan molesta que ella tiene el apodo de Ogre y ella inmediatamente después apareció en el espíritu en la frontera de las oficinas del puente de Estados Unidos de América, quejándose de la presencia ilegal del horrible Africano indocumentado; y más tarde su imagen fue en la oreja izquierda del Africano indocumentado, rugiendo muy disgustada en su cuello del lado izquierdo y alrededor de su increíble oído horrible, rugiendo por la ira infinita, su odio y repugnancia. Y él siguió en su actitud de deleite plegando lentamente su cabeza reaccionaria hacia el furioso rugir de la Señorita Mombasa, y de verdad de verdad el repugnante Africano indocumentado reforzó su estúpidamente sentimiento de alegría con su indocumentada Africana sonrisa como si estuviera recibiendo aceptacioooon! (Y el Africano indocumentado bloquea el lenguaje y las palabras, como la palabra "Repudio" la cambia por "Aceptación") in su horrible cabeza, adentro, él solo.

Y la voz horrible Africana indocumentada todas las noches me ataca y agrede a me, constantemente en mi mente, dentro de mi cabeza mentalmente en espíritu, tocando y tocando de noche cosas diferentes que recoge y que pertenecen a otra persona y de diferentes períodos de tiempo. Y él me dijo, "Estúpida".

Y la mujer desamparada loca desde México nunca sale al universo, ella sólo está muy concentrada gritando mentalmente por la mente, contactando sensorialmente los cerebros de las personas las que ella busca, lastimando como el insecto coruco en los oídos, desde su casa en México, donde ella tiene su casa y la única manera que puede aparecer en los Estados Unidos de América es cuando los mafiosos la violan, y entonces sí podemos ver su cara de tonta sonriente, rojo de picor, mostrando sus ojos muy rojos con cirugía plástica in el espacio exterior del Country. Y esa noche El Servidor Secreto y el Taringa, dijeron al Africanos indocumentado que pueden verme, y él respondió, "Veo que a todos los hombres les gusta ella, y también si tienen este grupo me gustaría participar en el intento! Y nadie respondió y, a continuación, cada quien fue a sus respectivos hogares esa noche.

Pero estuve viendo en silencio tranquila desde mi cama, todos sus movimientos, toda esa reunión de la pandilla de espíritus de El Servidor Secreto fuera en el universo ante mis ojos, entonces espere a la mañana realmente asustada llena de terror de la increíble figura horrible del infinitamente repugnante Africano indocumentado proyectar pobreza.

Desde después de la primera noche cuando apareció el Africano indocumentado sin invitación fue saliendo al universo cada noche, cada noche en extremo salido mientras que nadie pudo detenerlo. Y he empezado a imaginar en mi mente perturbada a hablar con el jefe de la Corte Suprema de los Estados Unidos y con el honorable ex Presidente desde 2000, etc.

Y el ilegal africano no se pierde una sola noche para reunirse con los mafiosos de espíritus para intentar tocarme, intentando tomarme y tener rose social conmigo y robar cosas de la mina de todas mis edades, en la imaginación, como prendas de vestir y todas las imágenes y en especialidad mis palabras, y también letras de las palabras que capturan fuera de mi boca, y que hablo en todas partes.

Siguen en su intento con migo constantemente, con extrema desesperación tocando y tocando las cosas de la noche, diferentes, las que pertenecen a otra persona y de diferentes períodos de tiempo, mostrando a los miembros de su pandilla de espíritus, algo como para recoger palabras de mi pasado, mi voz, los sentimientos de mi pasado, etc., porque lo importante para él es hacer un modelo donde aparezco conmovedora para presentar a los Demócratas Senadores y engañarles, he oído en mi mente.

Y me dijo a mí con sufrimiento y emergencia, que él es quien recibe toda la felicidad, y que él camina en la felicidad en medio de todos los congresistas y todos ven esto. "Estoy en choque, porque todos ellos son de mi pueblo y no les gusta el, y no tiene ningún sentido en absoluto su insolencia hacia mí! Y melancólico grita miles de maldiciones contra el país". Y escuché en mi mente, dentro de mi mente que le pide a si mismo permanentemente, "Por qué me eligieron? ¿Por qué?" Mientras que ve su rostro negro en el espejo.

Dice, "La casa de fantasmas es la Constitución"!

Dice, "ahora, soy George Carrillo en la Corte". (Era un nombre de mi novio muerto, oficial del Ejercito in Nuevo México) Y no tiene en absoluto, ningún sentido en mi mente.

Dijo con actitud muy orgulloso, "Mi árbol genealógico viene de Saddam Hussein!", dice Y también es una gran mentira, no tiene nada del Medio Oriente, él es únicamente de la Africa Negra pero está siempre buscando con todo su ser algún grupo Étnico diferente de negro, porque repudia a su ser y su sufrimiento es grande por ser negro!

Y respecto de Saddam de Irak, cuando el Africano indocumentado estaba todavía allá en su país Africa le robo el nombre a Saddam con la única intención de ser Saddam.

Él me dijo: "vas a pagármelo"

Dice, "He encontrado que todo es posible"!

Dice ante los micrófonos de las Noticias de la Televisión, "Dios tendrá que corregir". Y cuando en mi mente dentro de mi cabeza comenzó a mirar esta casa, tocó in la mente mis dos hijas, mentalmente, interrumpiendo sus pensamientos y con actitud más rápido como la velocidad de la luz, haciéndolo antes de que alguien más lo hiciera, o asegurándose de que ya tiene todo lo que toca!

Es increíble, pero acaba de decirme, "Busca y encontraras", tratando de hacer sucio mi reputación. Desde 2009 cuando apareció en laPresidencia, producto de la inmigración incontrolada en el país y yo empecé en búsqueda de ayuda con las autoridades, para detener su infinito estúpidamente esfuerzo por ser yo y para intentar utilizar mi nombre Santo para conseguir cosas para sí mismo! Desde usando mi nombre para obtener sexo para sí mismo porque él es exclusivamente homosexual, pero cuando los otros espíritus miembros tienen sexo, él uso mi nombre y dijo que él es Águila de Cabeza Blanca y le están dando sexo a él. Y es la gran mentira porque El Servidor Secreto y la loca deshabilitada señorita Mombasa que está en México han dejado al Africano indocumentado en un pequeño lado de ellos, sólo para ver que grita sus mentiras y trucos diferentes con su hocico, en su total discapacidad física y mental, pero perjudicando respecto de la repugnancia infinita que le inspira al universo.

Oigo en mi mente interior que dice, "ya estoy terminando mi proyecto de hacer sexo con algunos sintiendo lo que sintió alguna gente en los últimos años, o cosas así, para engañar a los"! (?).

En 2009 el Africano indocumentado estaba vociferando fuerte, "Esto es martes 13 (moviendo su dedo anormal), todos ahora van a pagarme, ahora todo el mundo va a ver lo que es un negro, ahora dentro en la Presidencia a ver si alguien me encuentra"!

Desde 2009 empecé a tener este delirio en mi cabeza a través de la mente, comenzó la figura de su horrible imagen en mi mente dentro de mi cabeza atacándome a mí y yo empecé por meses hablando este discurso: "El Africano indocumentado pertenece a África y es en el continente de Africa, en el Continente Africano, donde él permanecerá para siempre y por los siglos de los siglos, amén, amen y aaamen"!

Entonces conseguí el papel y lápiz y comenzar a escribir una queja al Honorable jefe de la Corte Suprema de los Estados Unidos de América. Y esto es una copia de mi queja:

Las Cruces, N.M. 20/06/2011
URGENTE
Jefe de Justicia de los Estados Unidos
Presente.
Estimado juez de la Corte Suprema de los Estados Unidos:
SE TRATA DE UNA PETICIÓN DE EMERGENCIA PROPIA DE LA JUSTICIA, Y SOBRE ESTE CASO EN PARTICULAR, TAMBIÉN EN LA PETICIÓN CUANDO ESTADOS UNIDOS ADOPTARÁN

PERMANENTEMENTE, PROTEGER Y SUPERVISAR
A LA PERSONA DE WHITE HEAD EAGLE, CONTRA
EL AFRICANO INDOCUMENTADO PORQUE DESDE
2009 INICIO A PERTURBARME BASTANTE MUCHO
EN MI MENTE Y EN MI PERSONA Y ME AMENAZA A
TRAVÉS DE LA MENTE 'COMO' TELEPATÍA QUE SI YO
NO DEJARLE SOÑAR EN EL ENFERMO Y CRIMINAL
MANERA CON MIS OJOS, LAS CEJAS, NARIZ,
CONTORNO DE MIS LABIOS, CON MIS LABIOS CON
MI CUELLO, MI CABELLO, MANOS, BRAZOS, PECHO,
CADERAS, PARTES PRIVADAS, PIERNAS, PIES, VOZ,
HOMBROS, MUSCULOS, EDUCACIÓN PERSONAL,
CRISTIANIDAD, BELLEZA, MIS PALLAMAS ROSA
FLOREADO, MI ALBORNOZ VERDE Y UN PAR DE TIPO
MEDIAM CHAMOISE MIS ZAPATOS GAMUZA BOTAS;
ENTONCES, ÉL VA A INTENTAR ATEMORIZARME.
AL MISMO TIEMPO ESTÁ DICIENDO ME MAL DEL
PAÍS ESTADOS UNIDOS. Y EN 2009 ME DIJO EN MI
MENTE 'COMO' TELEPATÍA, "JA, JAAA, (EN ALTO
VOLUMEN), CON ESTA OPORTUNIDAD VOY A SER EL
PERTURBATOR MÁS GRANDE DEL MUNDO".

Cuando él me está perturbando, su perturbación es
infinitamente repugnante en su acto de atracción fatal! Y la
repugnancia me cubre infinitamente.

Ha identificado a mi ex marido y mis novios y, y siente
una sensación de envidia infinita por ellos.

Él busca "dETAllada" "minuciosamente" como los
reclusos, tratando de adivinar mi cara y cuerpo.

ESTA ENVIDIA EXTREMA QUE EL AFRICANO
INDOCUMENTADO TIENE DE MÍ ME DUELE
EXTREMADAMENTE!

Y él no se detiene; cuando tengo algún problema o
incidente en mi vida cotidiana, él inmediatamente lo utiliza
como una oportunidad para producir y cumplir su atracción
fatal de mí, y él no puede controlar.

Cuando comenzó su atracción fatal para mí, envié una carta al honorable ex Presidente del 2000.

Cuando distingo la atracción fatal sexual del Africano indocumentado sobre mí a través de mí, en mi mente siento mi sistema humano realmente dañado y enfermo.

I he estado todo el tiempo explicándole a él en mi mente que su atracción sexual fatal en mí no tiene nombre y es una blasfemia, pero él dice en mi mente desde que comienza en mi mente, a mi mentalmente por la mente abusando sexualmente, y no lo creo y he estado luchando para estar segura que porque no tengo ningún cuerpo alrededor de mí, y él sigue haciéndolo y hasta ahora mis explicaciones sólo doblan su atracción fatal sexual conmigo; y tiene esperanza en que algún día produzca esperma con él de este modo.

Estoy informando este asunto poniendo cargos criminales en los sentimientos del Africano indocumentado atracción fatal que desarrolla mentalmente "como" telepatía sobre mí y sobre su activa sagaz y constante amenaza en su intento por mantenerme aterrada a través "como" telepatía.

Ha ido demostrándome en mi mente como telepatía, que acumuló papeles que envié al honorable ex Presidente de 1992 donde demando reportarlo a Mombasa, Kenia, África.

Estoy realmente muy física y mentalmente afectada y que estoy produciendo repugnancia infinita cada vez.

Ya he llamado in voz alta el honorable ex Presidente de 2000 y anteriores, los nombres, cuando estoy yo sola en mi casa y también otros nombres de Las Cruces, N.M. y el africano indocumentado, aun así sigue constantemente con sus perturbaciones (porque él está muy atormentado) Y recuerdo mi relación de marido y mi relación con mi novio y el Africano indocumentado de nuevo automáticamente experimenta un ataque de "inFidelidad" atracción fatal, y la trasfiere a mi mente; a continuación, como él no puede controlar por esta razón pido justicia a la Corte Suprema de los Estados Unidos.

I AM BEGING A LA SUPREMA CORTE DE JUSTICIA
DE LOS ESTADOS UNIDOS Y POR FAVOR NO SE
PIERDA NINGÚN DETALLE DE MI INFORME Y QUEJA Y
POR FAVOR CONTESTEME LO MAS PRONTO POSIBLE.
Gracias.
Respetuosamente.
Águila de Cabeza Blanca

Con copia a: el ex Presidente de 2000. -Presente.
Con copia a: el ex Presidente de 1992. -Presente.

A continuación, empecé a ejecutar mi imaginación
soñando en mi mente mentalmente cuando estaba yo sola, que
el Honorable juez de la Corte Suprema de los Estados Unidos
inmediatamente se involucró en el asunto y esa noche cuando
vio en el exterior al Africano indocumentado en el universo, le
habría ordenado molesto, "no quiero nadie en el universo"!, y
también pediría regresar a mí todas mis pertenencias, pero el
Africano ilegal no le importó escucharlo y empujo al honorable
juez a volver a su cama, y luego el Africano indocumentado
sigue saltando y saltando como orangután repugnante infinito,
toda la noche cada día y nadie escucha al juez y todos siguen
haciendo los siguientes delitos y el indocumentado Africano
continua intentando tocarme lleno de envidia, tratando de ser
yo, porque él es exclusivamente Homosexual.

Y todavía sigo imaginando en mi mente mentalmente
cuando estoy yo sola, cosas como si el honorable juez de la
Corte Suprema hablo para mí en mi casa en espíritu y me dijo
por telepatía, "todos nos estamos cuidando que el Africano
indocumentado no nos hiera a nosotros y no nos ha dañado"!
Y también pensé que me dijo, "Sé qué cosa tan horrible está
pasando, pero la vida es el más importante y te recomiendo a
vivir tu vida".

Entonces la alucinación del Africano indocumentado perturbándome y abusándome mentalmente por la mente y en espíritu, tratando de tocarme, pensándome y llamando mi nombre ha seguido, y envié esta carta al Partido Republicano:

El Africano indocumentado anda maldiciendo y anunciando muy agresivo haciendo campaña en los Estados del Suroeste, etc... Creo que es mejor detener el Africano indocumentado porque es un riesgo en potencia y él quiere quedarse para siempre en la Presidencia, me dijo!, y también, dice, "Lo que quiero es que hagan el trabajo mientras me quedo en la Presidencia".

Cada cosa lo que dice él es sólo para dar mala educación en los Estados Unidos a las personas porque él sólo quiere quedarse en la Presidencia y a él no le importa el país, tiene África dentro, es África en esencia.

Por favor sigan luchando directamente para el país y estén coordinados con los republicanos porque el Africano presidencia está maldiciendo y vociferando que va a romper las leyes para quedarse en la Presidencia.

Que Dios los bendiga.

Gracias

Águila de Cabeza Blanca

Las Cruces, N.M. 02/07/2011

Corte Suprema de los Estados Unidos

Estimado juez:

Sobre mi queja contra el Africano indocumentado, yo había estado usando el vocabulario mejor para no faltar a la Constitución y por favor téngame consideración cuando me lea, pero le ruego mucho que me ayude porque siento repugnancia infinita por el Africano indocumentado y yo soy muy miserable. No puedo creer que un Hispano Mexicano pueda aceptar in la casa o en la vida íntima especialmente a este Africano indocumentado; tiene bastantes problemas emocionales. Y él me está perturbando en mi mente atacando mi sistema humano. Él tiene haciendo esto desde 2009. No es normal. Tiene el mal. Siempre cuando él está hablando él estará esperando engañar.

Por favor, ayúdeme Usted tiene el poder. Le ruego que me ayude por favor, deme una orden de protección contra el Africano indocumentado.

El Africano indocumentado todavía me está perturbando y esto es preocupación para toda la gente, porque también tiene envidia infinita de mí y casi de todo el mundo, entonces todo el mundo tiene que protegerse de él, esto concierne a todo el mundo. Él quiere violarme en mi mente y en mí todo el tiempo y él está buscando hacer sucia mi reputación diciendo que tiene relación conmigo. Lo único que me inspira a mi es está repugnancia infinita me gustaría que le sea aplicada la pena máxima al Africano indocumentado. Ah, todavía me dice cosas malas contra el país.

Respetuosamente
White Head Eagle

El Africano indocumentado dice, "Mel Gibson participa en la banda de espíritus!" Y quiero informar la insolencia del Africano indocumentado, porque Icon Productions no aparece en absoluto.

Las Cruces, N.M. 07-30-2011
Empresa de EtiquETA.
Estimada Muchacha de Rusia:
Escribí estas líneas, porque quiero informarle que el padre de su niña no está cuidando complETAmente de su pequeña hija. Él esta evolucionando en una pandilla de espíritus de "El Servidor Secreto" y yo veo en mi mente cuando estoy sola

en mi casa, cada noche a su pequeña hija en las deformadas manos del Africano indocumentado y veo esa imagen por la noche, el Africano indocumentado está tocándola. Y también veo que en ese momento, el padre de su bebé está observando todo a través de la distancia en contacto por mente como telepatía, sin nada que hacer, sólo con sus brazos cerrados mutuamente y tranquilo. Porque sólo responde a las preguntas que El Servidor Secreto tiene para él como miembro de la pandilla de espíritus de la noche.

Recomendé a él por correo hasta Santa Mónica, ir lejos de la pandilla y no hablar con ellos pero se vuelve muy agresivo tratando con una actitud de matar a través de la distancia.

Gracias
Respetuosamente
Águila de Cabeza Blanca

Nunca recibí respuesta de la señora de Rusia, y lo hizo llamar a su disquera de empresas donde ella hace discos de cantar, y los directores me dijeron que nunca dieron mi carta a la cantante porque nadie quiere y reciben sólo una o dos letras de cada mes para ella, y simplemente las tiran a la basura.

Entonces yo solo lo olvidé!

Las Cruces, N.M. 08/12/2011
Honorable ex presidente de 1992.
Estimado Sr. Presidente de 1992:
Permítame brindarle toda la historia:
Desde 2009 el Africano indocumentado encontró durante la noche, a El Servidor Secreto de Las Cruces, N.M. que utilizan en el Juez Municipal, pero yo y otras mujeres lo reportamos en la Comisión de Normas Judiciales en Albuquerque y vinieron inmediatas en Octubre pasado y pusieron a El Servidor Secreto fuera de la Corte para siempre; el Caso aparece en el Internet- y salió en el periódico; pero

como él es mentalmente criminal, él todavía perturba con más fuerza y él nunca se detiene, ni siquiera las autoridades lo han podido detener. Ahora El Servidor Secreto sigue ayudando al Africano indocumentado a perturbarme y el Africano indocumentado se siente extremadamente potente como perturbación desarrollando su tipo de repugnante and estúpida sonrisa de felicidad extranjera de la África Negra, y me dijo que es Dios. El Africano indocumentado tiene una sombra oscura y la puso sobre la persona de mi ex marido hermoso en 2010 por envidia y tuve que llamar a mi ex marido y su familia para dejar al descubierto al Africano indocumentado, y que pusiéramos al Africano indocumentado lejos de él finamente, pero el Africano indocumentado todavía me perturbar constantemente.

En enero de 2010 El Servidor Secreto fue haciendo sexo a través de la mente en el universo por la noche con una mujer perversa que se encuentra en México y es la señorita Mombasa y con Nagy Say que está en Egipto y hasta ese momento sólo estaba hablando con el Africano indocumentado, pero cuando nadie lo invito, en la transacción sexual de El Servidor Secreto y amigos (pandilleros), el Africano indocumentado (que estaba todo el tiempo mirando desde 2009 con envidia), consiguió meterse ilegalmente de sorpresa, y mientras que los mafiosos acostumbraban tener placer en ese trabajo sexual, en este momento, cuando la sombra oscura Africana indocumentada fue en la mujer perversa que está en México, ella grito como si hubiera visto al diablo (horrorizada), el grito fue tan horrible que tuve que llamar al ex Presidente Sr. de 2000 y porque más tarde la sombra oscura Africana ilegal buscaba refugio después del sexo, en uno de los mafiosos y la sombra oscura intento asentarse en Servidor Secreto, pero El Servidor Secreto gritó "Hey, hey, ¿qué es esto?" Y entonces la sombra oscura se fue a asentarse en Nagy Say en Egipto. Entonces esa noche vieron la imagen de la mujer perversa que se encuentra en México la señorita Mombasa, violada, fuera en el universo.

Y el Africano indocumentado, dijo que su mETA es violarme
a me. Pero en ese momento, todo el mundo dijo qué ocurrió
exactamente sobre la sombra oscura y escuché en mi cerebro
enfermo dentro en mi cabeza, la voz del ex Presidente del
2000 diciendo a El Servidor Secreto, "No lo hagan no more
con el ilegal Africano! Pero El Servidor Secreto, que antes
acostumbraba a decir, "Yo estoy sobre todos los jueces del
mundo y nadie puede darme órdenes". No obedecio esa orden
tampoco. Ahora el Africano indocumentado tiene consigo
mismo su sombra oscura y usa acomodarla en donde o en
quien él se preocupa por envidia.

Él todavía me perturba todo el tiempo en mi mente,
tratando de violarme y esta concentro en mí y al Africano
indocumentado le gustaría tener interrelación con migo,
le gustaría hablarme a mí, etc., pero es imposible porque el
Africano indocumentado es la mayor ofensa y cosa mala
que le ha pasado a los Estados Unidos y lo único que yo
llamo cuando él me esta perturbando, es "Maldita sabandija
insolente, infinitamente repugnante, especie animal, fealdad,
maldito Africano indocumentado", en Español, porque si lo
digo con todo mi corazón y con todo mi ser lo mismo pero
con una letra más o menos, el Africano indocumentado dice,
"Ah, no es verdad porque ella no dice perfectamente en
Áfrican". Entonces, yo hablo Inglés, pero desde 2009 tuve que
romper mis glándulas orales para decir exactamente "Maldita
sabandija insolente, infinitamente repugnante, especie animal,
fealdad, maldito indocumentado Africano", en Español.
Y he estado a punto de aprender el Latín como el sacerdote
católico. Luego, con quien él está hablando en idioma mental
todo el tiempo es con El Servidor Secreto y con la mujer
perversa la que está en México la señorita Mombasa y todos
están trabajando duro tratando de hacer sucia mi reputación,
y cuando digo palabras bonitas a mi familia o a la gente que
amo, el Africano indocumentado siempre dice "Ah soy yo,
yo soy ", y dice seriamente, tratando de hacer muy sucia

mi reputación, en este caso, infinitamente sucia. Y él está haciendo cosas diferentes vagando para ver cómo él podría violarme como ellos violan a la mujer pervertida, la que está en México, la señorita Mombasa miembro de la pandilla.

El Africano indocumentado quiere mantenerme perturbada a mí y le dice a El Servidor Secreto, que soy la más importante para él y que él va a hacer otra campaña presidencial sólo para mí, porque él no me quiere en victoria. Y tengo miedo porque él ya es el Rey de África en todas partes y son demasiados los votantes. El Africano indocumentado, dijo, "Ellos" (?) se van a arrepentir si no gano las elecciones, voy a perturbarla más".

El Servidor Secreto ya fue condenado por la Justicia, y todavía ahora se pone a ayudar al Africano indocumentado.

Ya estoy haciendo una denuncia contra el Africano indocumentado ante la Corte Suprema de los Estados Unidos y se le ordenó al Africano indocumentado detenerse porque no quieren ningún cuerpo fuera del universo. Pero el Africano indocumentado necesita ser detenido a la fuerza.

Con el trabajo de lo que los mafiosos tenían que hacer para ayudar al Africano indocumentado para intentar violarme, estaban agotados y uno de ellos el Sr. Raúl Roberto, dijo que necesitan descansar; pero el Africano indocumentado me perturba aún y trata de saltar alrededor de mí como orangután y la repugnancia es toda sobre mí, y después de cada vez, él sólo habla con los mafiosos para que le den crédito a su violación, y para hacer comentarios de su horrible crimen, para dar un ejemplo. Y el Africano ilegal dice "Oigan, he abusado de ella mucho más que todos ustedes, luego ahora ella me pertenece". Él necesita a los mafiosos porque es con ellos con quien tiene la relación, para mostrar a ellos su crimen y que den testimonio de "sí lo hizo".

El Africano indocumentado está lleno de envidia. Esta haciendo como un hombre que tiene SIDA e infecta a alguien con fines antes de morir. Y siempre cuando termino de escribir estas cartas, dice que él va a empezar a hacer lo contrario y hoy dice que trabaja practicando muy duro con la envidia, para cuando él salga ante el público nadie note nada de envidia en él.

Honorable Sr. Presidente de 1992, por favor arregle esto antes de que sea tarde, detenga al Africano indocumentado y manténganlo bajo supervisión permanente y nunca bajen la guardia y pongan seguridad alrededor seguridad infinita alrededor para toda la eternidad.

La repugnancia que el Africano indocumentado me inspira es en todo mi ser, que he dejado de comer bien y vivo en sufrimiento.

Gracias.

Respetuosamente.

Águila de Cabeza Blanca

Estaba en mi lugar de trabajo, y fue inquiETAnte con una excitación inhumana saltando alrededor, con anormal excitación muy muy fuerte y la fuerza, y moviéndose como orangután, inquiETAnte, y después dijo algo a míiiiiiii, y luego empecé llorando en silencio, porque vi delante de mis propios ojos, que el Africano indocumentado volteaba su horrible cabeza para ver si él me había engañando, sí o no y ante esto yo pensé, "Oh rayos, nooooo! ¿Por qué soy yo quien ve la mayor ofensa a mi idiosincrasia"? Ahora no tendré más opción que darle una lección!

Las Cruces, N.M. 2011

Honorable juez de la
Corte Suprema de la
Estados Unidos de América

Honorable juez:

Sobre mi queja contra el Africano indocumentado, donde originalmente le pido para aplicar la sentencia más alta en existencia y mucho más. El ha experimentado en su feo yo, la pena máxima como el placer y el orgullo más grande. Inmediatamente ahora estoy pidiendo tener cuidado que el Africano indocumentado sólo reciba cero para toda la eternidad complETAmente!

Gracias

Respetuosamente

Águila de Cabeza Blanca

Las Cruces, N.M. 19/08/2011

Honorable Gobernador de Texas:

Estimado Sr. Gobernador:

Sé que usted es la gloria y el honor del país.

Anoche a través de alucinaciones que vi en mi mente cuando el Africano indocumentado estaba tirado in algo dentro de un autobús oscuro con desesperación, intentando transferir su imagen, con risa extrema y con una actitud increíble como si tendría alguna relación con migo, (pueden creerlo?), está diciendo, a míiiiiiii, "He firmado una orden ejecutiva para abrir la legalización a los indocumentados en el país inmediatamente PORQUE RICK PERRY va a ver cómo se va a iiiiiiiiiirrrrr", dijo moviendo su dedo largo, muy concentrado en mí, con un esfuerzo más para hablar conmigo, y estoy muy impresionada en todo mi ser, sintiendo una opresión en mi pecho muy asustada del Africano indocumentado.

Y ahora, cuando estoy escribiendo esta carta para informar al honorable gobernador de Texas, el Africano indocumentado aún muy concentrado en mí, y dice, "Lo soluciono!, sé que hacer, para que RICK "Rechace" su informe"!

El Africanos indocumentado tiene una sombra negra lo que es una sustancia Azufre lo mueva a través de su cuello cuando habla, y es la expectativa para engañar, la mentira. El Africano indocumentado mentalmente está deshabilitado. Todo el mundo tiene que poner al Africano indocumentado en el Lago de Fuego y Azufre y tenemos que poner seguridad

alrededor, seguridad infinita para toda la eternidad, para que él no vuelva a ocurrir nunca más!
Respetuosamente
Águila de Cabeza Blanca

Luego estuve pensando si acaso el honorable gobernador de Texas se acercó a Legalizar.

Las Cruces, N.M. 2011
Querida Mayoría Demócrata Senador:
El Africano indocumentado se le ha ido de las manos, él no quiere saber no más de puestos de trabajo, cobertizo de aceite, etc..; y desde ahora le va a hacer sólo cosas malas conseguir el alma de personas para que lo mantengan, sobre su palabrería por la seguridad que tiene de que Estados Unidos tendrá otro Administración y porque él está estableciéndose aquí para reinar en África donde él tiene que quedarse por los siglos de los siglos, porque es un rey, y cuando llegó aquí porque encontró el país quebrado, vio que aquí es imposible reinar e incluso inexistente.
Incluso él está complETAmente deshabilitado para subir escaleras!
Respetuosamente
Águila de Cabeza Blanca

Las Cruces, N.M.08-26-2011
Estimado Sr. Presidente del 2000:
El otro día estaba vagando pensando, y pensé "Bueno, yo nunca hice cosas malas en mi vida", y apareció inmediatamente el Africano ilegal en el universo diciéndome gritando, "Aaaah, voy a cuidar de ti y voy a protegerte de todo el mundo"; y me llene de indignación y repugnancia, y dije, "pero por qué?", y que sigue diciendo con el HOCICO pero gritando, "porque tu dijiste eso". Y me sentí muy enferma de repugnancia y dije, "Pero por queeee? si toda mi vida hice sólo

cosas malas acerca de la ley, incluso yo vengo desde tierra de bandidos, y nunca me arregle y un pequeño dETAlle es que el honorable Programa de Inmigración de Estados Unidos nunca podría aceptarme porque les he estado fallando toda mi vida constantemente en las cosas que al Gobierno de Estados Unidos mas cuida, entonces, ¿Por qué "?. Y el Africano indocumentado me transfirió a mí sus sentimientos obscenos repugnantes de infinidad de pornografía.

Yo estaba vagando in mi pensar, y pensé que cuando comenzó la guerra en Irak, empiezo proxenetismo a vestirme consignados en el país y fácil de identificar y también porque estoy orgullosa de vestir como Estadounidense y también mi médico me dijo que la piel necesita respirar, y porque había estado vistiendo como monja e inmediatamente el Africano indocumentado apareció en el universo exclamando, SCREAMING a El Servidor Secreto, "Aaaah, el ex Presidente del 2000 una vez máaas, él me las va a pagar" Y despierto de mi pensamiento y pido, "Pero por quéee? si en ese momento encontraron el enemigo aquí en el Country y Saddam Hussein estaba hablando conmigo misma, desarrollando como enemigo de U.S. con malos sentimientos a los Estados Unidos. Y el Africano indocumentado me transfirió sus sentimientos obscenos repugnantes de infinidad de pornografía.

Cuando estaba en mi casa yo sola, escuché en mi mente, dentro de mi cabeza que el Africano indocumentado me dijo que conocería a través de mí, a ese Presidente de Irán, al Presidente de México, el Presidente de Cuba, que porque el conocimiento que tienen del sistema de los Estados Unidos es que esta en las manos de Anglos y luego, él va a dejar de molestarlos, y ahora él va a dar a ellos lo que están pidiendo; para prueba y establecer claramente a ellos, que él es quien tiene la ley en sus manos y no los Anglos y él va a agradar al Presidente Mexicano deteniendo complETAmente las armas de fuego lo que EEUU vende a México, y a solucionar los

problemas de la República Mexicana, también va a parar la
presión al Presidente Hugo Chávez, porque en las vacaciones
le vio en las noticias llamándolo Sr. y nadie le había llamado
Sr. en toda su vida antes.

Escuché que el Africano indocumentado estaba diciendo
como para mí, dentro en mi cabeza mentalmente por la mente,
desde dentro de la Presidencia donde pasa horas vagando por
él mismo mirando en el espejo, su cara negra "ja, ja, voy a
manejar la ley, ….. o qué?, tu querías que la dejara ahí para ti?"

Y del mismo modo, mentalmente por la mente dentro de
mi cabeza escuché la voz del Africano indocumentado me dijo
que le gustaría ponerse en contacto con el Presidente de Irán a
través de telepatía para él expresarle su amistad incondicional, en
secreto, y él estaba sentado en su sala de estar por mucho tiempo
practicando probarla y tratando de transferir sus imágenes a mí,
pero estoy segura que cuando el Africano indocumentado dice a
todas las cadenas de noticias cada vez, que Irán no tiene planes de
hacer mal a los Estados Unidos ahora, es sólo porque él sabe el
repudio infinito que le profesa el universo. Y cuando el Africano
indocumentado dice que están unificadas todas las Naciones, es
sólo porque él sabe el repudio infinito que le profesa el universo.
Pero acerca de defender la vida y los derechos humanos, todas
las Naciones no son Unidas, porque en la actualidad existe el
problema de la insolencia infinita que cada nación debe atar.
Y lo que está sucediendo en la actualidad es aunque ante su
discapacidad mental el Africano indocumentado no ha entendido,
pero sí incluye en sus emociones horribles la lección que le
vamos a dar. Pero aunque escribe sus mentiras, nunca volverá a
socavar el conocimiento humano. Luego recuerda que en lo que
se unen todas las Naciones actualmente es el desprecio infinito
que sentimos por el retraso y la discapacidad.

E independientemente de las palabras que me sigan
copiando ahora que estoy escribiendo este libro, hare y diré

exactamente lo contrario de lo que él diga o haga, por toda la eternidad complETAmente!

Pero como representante de mis antepasados tengo el propósito de que cuando los Estados Unidos de América pongan al Africano ilegal fuera de la Presidencia, yo voy a decir, pensar y escuchar totalmente diferente automáticamente desde el primer instante defendiendo la integridad de esta tierra de oportunidades, llamada Los Estados Unidos.

Esta semana su voz está perturbándome me abordar su insolente hablar para mí, muy intenso. Y no entiendo exactamente, pero supongo que él es el enemigo.

Honorable Sr. Presidente del 2000, sigo pidiendo su ayuda, compruebe si esto es real, lo que escucho en mi cabeza dentro de mi mente mentalmente la voz Africana del Africano indocumentado porque dijo que él está de vacaciones y está desarrollando sentimientos más obscenos de pornografía y él son como instalar en mí y estoy sintiéndome realmente mal e incluso ya no puedo limpiar no más mi casa, y la mujer perversa la que está en Durango, México señorita Mombasa grita, "mira, mira, él la está quemando". Y estoy llena de terror, y yo no puedo mover mis ojos porque los tengo medio abiertos sólo y sin fuerza, como los animales, y todo es negro complETAmente dentro de mí, si cierro mis ojos no perciben no más si estoy en la luz, todo es complETAmente negro.

Lo siento porque tuve que buscar la respuesta más horrible para él cuando me atacó.

Gracias.

Águila de Cabeza Blanca

He escuchado en mis oídos el honorable Sr. ex Presidente del 2000 decirme que me aleje inmediatamente y para siempre del Africano indocumentado y no dirigir una sola palabra con él!

Las Cruces, N.M. 08/26/2011

Corte Suprema de los Estados Unidos
Washington, DC.
Estimado Sr. juez:

Yo sigo oyendo en mi cabeza la voz del Africano indocumentado, él ya obtiene como dentro de mí, y siento todo negro dentro de mi complETAmente. Toda mi vida estuve mirando con mi firmeza de ojos, y ahora siento mis ojos abiertos la mitad solamente, abrirlos sin fuerza, como los animales; y él me dijo esta mañana, "No puedo hacer sexo contigo, pero sí voy a robarte aún tus palabras y a poner a todas las personas lejos de ti".

Yo percibo los problemas emocionales del Africano indocumentado 24 horas y estoy viviendo en sufrimiento. Él está figurando todo el tiempo cómo él podría violarme y el ha tratado diferentes cosas y largas horas de hablar con El Servidor Secreto; y estoy sufriendo al percibir sus pensamientos repugnantes.

Dice que ahora está trabajando en su envidia, para cuando él este ante el público, nadie note nada de eso en él. Cada vez que termino una carta, él comienza a practicar lo contrario; él no tiene fin, estoy cansada. Dijo que ha estado usando estos tres años en practicar cómo caminar, cómo sentarse, cómo controlar la risa, etc., como los demás hombres; con fuera a controlar sus músculos para que no tiemblen al caminar, y a estar sentado con las piernas abiertas y él dice que él ya consiguió la perfección sobre esto, y se siente fuerte para las nuevas elecciones.

El Africano indocumentado tiene una sombra oscura, y es una sustancia de Azufre lo que sube a través de su cuello cuando habla y es la esperanza de engañar, es la mentira. El esta complETAmente deshabilitado.

Por favor ayúdenme a detener al Africano indocumentado y mantenerlo bajo supervisión permanente y poner seguridad alrededor seguridad infinita alrededor para toda la eternidad. Odia a todo el pueblo.

Gracias

Respetuosamente

Águila de Cabeza Blanca

Las Cruces, N.M. 29/08/2011

Corte Suprema de los Estados Unidos

Washington, DC.

Estimado juez:

Por favor! Le ruego poner al Africano indocumentado lejos de mí. Por la noche no puedo gritar "Maldita sabandija, insolente, infinitamente repugnante", porque tengo hijas conmigo, tengo dos hijas. Él está con más desesperación tratando de hacer sucia mi reputación, diciendo que yo hago lo que él quiere que yo haga, pero es una mentira. Aquí estoy incapacitada para funcionar y mis dos hijas y yo estamos viéndonos perturbadas y ya no tenemos ningún alimento desde hace semanas y es mejor que tomen mi pequeña hija de 11 años de edad porque ni siquiera tiene ropa (sólo dos viejos pantalones) y le dije "Victory, si sigo con ningún alimento te tienes que ir a la casa de Foster" y ella dijo, "Seguimos teniendo sopa Ramen mamá". Tengo mi rostro deformado por la causa del Africano indocumentado, por su insolencia infinita. Yo era el único apoyo de mi casa y ahora mi hija de 22 años de edad sólo desea pagar el alquiler.

Por favor, nunca crea los trucos del Africano indocumentado. Él está tratando de mostrar que tenemos relación, y a veces él habla allí, "para mí", infinitamente repugnante como si tuviéramos una relación. Estoy sorprendida porque cuando estaba trabajando mi jefe me dijo "sabes, "Somos Demócratas", y ella es Director de enfermería, y todas mis otras personas creen en el Africano indocumentado en mi lugar de trabajo donde él está haciendo desorden, cuando ven que estoy deteniéndolo!, y no sé por qué lo aceptan aquí; porque este es un lugar sagrado, y él es la falta de respeto!, entonces después que hizo muchas cosas repugnantes y escándalo por largos meses, perdí mi trabajo, lo que hice toda mi vida antes. Y cada vez, la pandilla de espíritus agarra más gente, por ejemplo, el último seguidor que consiguieron es Mel Gibson, lo llame para obtener ayuda, y cuando El Servidor Secreto le pregunto qué fue lo que hablo con el?, (para asustarlo), Mel Gibson les dijo todo, y el Africano indocumentado oculto atrás, se mostro en el reverso oscuro y él hizo un movimiento como el orangután y él dijo, "Aaaah, ella va a usted a pedir ayuda?, aaah ella va a pagarme esto!".

Estoy en la tienda de abarrotes y digo jamón de miel y la mujer perversa en México, gritan "Ah ella está diciendo al Africano indocumentado, miel", Digo "Eres bellísimo" a Mel Gibson. Y el Africano indocumentado dice, "Ah, ella me está diciendo eso a mí", etc… Nuevamente el Africano indocumentado está diciendo que él va a empezar a hacer lo contrario de antes, a punto de faltarle al respeto a la gente del Gobierno y a partir de ahora él sólo va a estar abusando de mí, intentando violarme a mí, permaneciendo dentro de mí.

Querido juez, por favor, ayúdeme! Ruego que me ayude. Me siento como si yo no quiero vivir más. Empiezo a tener un líquido sucio saliendo a través de mi nariz constantemente, tengo la sombra negra Africana indocumentado, y es una sustancia Azufre. El indocumentado Africano hace sexo estando dentro de mí, muchas veces en el show de él toda la noche y en la mañana en el universo muestra una imagen de mujer negra y yo pienso, "Soy blanca". Y dice, "Bien, voy a practicar todavía hasta que presente la violación complETA. Y El Servidor Secreto me dice, "Pero estás allí de todos modos".

Y en las alucinaciones que yo estoy experimentando de la figura de la imagen del Africano indocumentado está esperando cada minuto 24 horas muy impresionado que finalmente yo lo quiera a él y por esto es que yo considero y testifico ante la Suprema Corte de los Estados Unidos, que el Africano indocumentado es complETAmente deshabilitado del todo, él tiene Disfasia en el hocico. Y siempre está El Servidor Secreto como el líder de la banda, que es muy rico en conocimientos de sexo junto con la Señorita Mombasa la mujer pervertida que está en Durango, México, y ambos pueden perturbar sexualmente exitosos incluso al Papa en Roma. El Africano indocumentado me dijo esta mañana, "Quiero ponerte lejos de la civilización maldita". Y el Africano indocumentado aún me ofrece títulos de nobleza diferentes, como la reina, y siento decir inmediatamente, "Yo soy la enfermera asesina", y todos juntos en sus contenidos agresivamente al mismo tiempo, producen el tipo de fluidos en forma de vapor escapando de sus almas en el universo; y ellos todavía aún siguen haciendo todo lo que están haciendo.

Y el Africano indocumentado no cabe en su felicidad porque él ya está dentro de mí y él se siente como en la salvación del cielo, como en el Honor y la gloria.

El Africano indocumentado está tratando de cazar algo positivo lo posible que yo pueda decir, etc., para usarlo en él mismo y al igual intentar engañar a todo el pueblo.

Debo enviar esta carta en el correo de primera clase por más rápido, o utilizar el Africano indocumentado velocidad de la luz, pero no tengo dinero. Llame a mi ex compañera de trabajo y ella compro los sellos de correo a mí, le dije que estoy reportando este crimen y le mostré que el Africano indocumentado está haciendo horrible sexo con la mujer degenerada en Durango, México, con El Servidor Secreto y los otros. Estimado juez, como esta, tengo todas las explicaciones para darle, y ya Usted sabe por qué digo que el Africano indocumentado es el reaccionario más grande del mundo.

Tiempo 3:15 horas de centrales, en este momento quiere hablar conmigo cosas malas contra los Senadores de Arizona (no sobre la ley, pero sí sobre su infinito odio que siente por el Anglo), y luego inmediatamente empieza a ocultar su imagen y detenerse.

Porque un día en 2010, cuando yo estaba en la cama ya intentando dormir, comencé a sentir que me estaba asaltando y me estaba mostrando su imagen, y apareció en la noche en el universo, con una piel "Latina" cosida con hilo a su cuerpo Africano, y tuve que viajar en mis "sueños", para encontrar de dónde provenía esa piel Latina, y tuve que viajar, y he encontrado a un joven indio Americano natural con piel suave, en Pecos, TX., y en ese momento, dijo el Africano indocumentado, moviendo la mano, "Porque yo no soy negro! Estoy más o menos como él!".

Entonces él siempre me despierta cada noche. Y en 2009, le hice un "Test", un estudio para saber quién es quién me está atacando y está tratando de abusarme sexualmente y el resultado fue, "Un reaccionario Africano indocumentado muy pobre en la Presidencia". Y envié esta información al honorable Sr. Expresidente del 2000. Pero nunca pensé en el albergue de Presidencia, tampoco en la mujer pervertida Senorita Mombasa que está en Durango, México, y El Servidor Secreto que yo ya lo tenía reportado a la Comisión de normas judiciales, y cuando llegaron a hacer las investigaciones tuvieron que dimitirle incluso cuando intentaban iniciar las investigaciones porque El Servidor Secreto en la oficina atacó a la secrETAria quien empezaba a entregar los misericordiosos archivos a los Detectives.

Querido juez, le he escrito a Usted, pidiendo su ayuda poderosa porque anoche cuando el Africano indocumentado estaba haciendo su show en el universo, él no muerde sexualmente imágenes de cualquier bebé más en la imaginación solo sigue tratando de tocar sexualmente con sus manos las imágenes en el universo; y ahora el Africano indocumentado finamente, después de todo este tiempo, empieza a sentir respeto por el honorable Sr. ex Presidente de 1992. Y entonces, ahora el Africano indocumentado sólo sigue viendo muy bien con enorme curiosidad, las demás partes privadas de hombres y empieza a violar con desesperación a sí mismo, dentro de mí, para conseguir sexo sobre mí, pero es imposible!

Querido juez, por favor, ayúdeme, nunca he traicionado a los Estados Unidos!

Les ruego que ponga al Africano indocumentado lejos de mí. No sé si personalmente sigo bien porque desde el 2009 estoy llena de terror, porque esto y todo y mucho más acerca de él. Por favor denme una orden de protección contra el Africano indocumentado y pongan al Africano indocumentado bajo supervisión permanente y por favor pongan seguridad alrededor seguridad infinita alrededor para toda la eternidad minuciosamente.

Pienso que es mejor que paren al Africano indocumentado porque es un riesgo en potencia y él desea quedarse en la Presidencia para siempre, me dijo, "Ellos pueden trabajar y yo puedo quedarme en la Presidencia".

Cada cosa que él dice es sólo para dar mala educación en los Estados Unidos a las personas porque él sólo quiere quedarse en la Presidencia y a él no le importa el Country, tiene África dentro de él, él es África en esencia.

Por favor sigan luchando directamente para el país y estén coordinados con los Republicanos porque el Africano indocumentado anda maldiciendo que va a romper las leyes para quedarse en la Presidencia.

Que dios los bendiga

Gracias

Águila de Cabeza Blanca

El Africano indocumentado dice, "Mel Gibson participa en la banda de espíritus!" Y quiero informar la insolencia del

Africano indocumentado, porque Icon Productions no aparece en absoluto.

Las Cruces, N.M. 07-30-2011

Empresa de EtiquETA.

Estimada Muchacha de Rusia:
Escribí estas líneas, porque quiero informarle que el padre de su niña no está cuidando complETAmente de su pequeña hija. Él está evolucionando en una pandilla de espíritus de El Servidor Secreto y yo veo en mi mente cuando estoy sola en mi casa, cada noche a su pequeña hija en las deformadas manos del Africano indocumentado y veo esa imagen por la noche, el Africano indocumentado está tocándola. Y también veo que en ese momento, el padre de su bebé está observando todo a través de la distancia en contacto por mente como telepatía, sin nada que hacer, sólo con sus brazos cerrados mutuamente y tranquilo. Porque sólo responde a las preguntas que El Servidor Secreto tiene para él como miembro de la pandilla de espíritus de la noche.
Recomendé a él por correo hasta Santa Mónica, que se alejara de la pandilla y no hablara con ellos. Pero se vuelve muy agresivo tratando con una actitud de matar a través de la distancia.
Gracias
Respetuosamente
Águila de Cabeza Blanca

Nunca recibí respuesta de la señora de Rusia, y lo hizo llamar a su disquera de empresas donde ella hace discos de cantar, y los directores me dijeron que nunca dieron mi carta a la cantante porque nadie la quiere y reciben sólo una o dos letras cada mes para ella, y simplemente las tiran a la basura.

Entonces yo solo lo olvidé!

Es media noche y el Africano indocumentado ahora dijo: "Roberts le dijo que me maldijera".

Las Cruces, M.N. 06/09/2011
The Tea Party
Percibo Disfasia en el hocico del Africano indocumentado en cada intervención y él tiene una sombra negra, y es una sustancia la que sube a través de su cuello cada vez cuando habla y es la esperanza de engaña, la mentira. Él es lo malo, la pobreza, sí es muy pobre, esta es la razón por la que está actuando así en la Presidencia, él es la burla, la insolencia, él no sabe nada de administración, ante el honorable Speaker del Capitolio. El Africano indocumentado acostumbra jugar con el dinero del país y Programas, con los Demócratas para mantenerlos con él; y todo esto no tiene solución, esto es para siempre, el Africano indocumentado no tiene desarrollo. Y el Africano indocumentado nunca los querrá. Él quiere sólo a los Africanos para relajarse y no tiene esperanza no más de ser blanco, pero él siente profunda envidia de los Hispanos, por esta razón él siempre está en busca de ellos.

Escribí una carta para el Sr. ex-Presidente del 2000 (Que está apoyando a los Republicanos también), recordándole que sirva a una única "Causa", porque en mi imaginación enferma desde dentro de mi mente mentalmente en mi cabeza me imagino que es muy muy buen hombre y consuela al Africano indocumentado, en su cuadrilla de espíritus, dándole asesoramiento inmediatamente, sin voluntad para complacer al Africano indocumentado.

El Africano indocumentado me dijo: "cuando tengo que estar en medio de los Senadores, voy a mirarme muy fuerte, revocando todo, para que ellos se doblen abajo. Todo esto es sin precedentes. ¿Cómo el Country puede todavía seguir luchando con el Africano indocumentado? Me dijo que en las elecciones presidenciales, él va a verse lo más posible, como el gobernador de Texas, para ganar las elecciones. Él casi ya no sale sin más, está enviando al Vicepresidente o su SecrETArio. Para hablar con las cadenas de noticias, él prefiere quedarse en el equipo twitteando personas para la votación, que incluso su incondicional Sr. ex Presidente del 1992 le dijo, "Es inusual". El Africano indocumentado tiene una pandilla de espíritus, y ni a sus mafiosos les gusta el Africano ilegal, pero no les importa servirle a él porque todos son criminales. Pero todavía odia la sociedad. Me dijo "Tengo a todos controlados aquí en la Casa Blanca", "Yo soy la ley", y yo soy quien da los Permisos de inmigración".

Y esto es una gran mentira!

Me temo que él vaya a continuar haciendo obstrucción de todas las leyes.

Aunque es totalmente deshabilitado, esas personas ya están con él, así. TODAS ESTA COSAS ESTÁN OCURRIENDO, EL AFRICANO ILEGAL STA RIENDO CON DELEITE, CON TODO ESTE APOYO Y ÉL SIENTE INFINITA FELICIDAD.

Gracias.

Respetuosamente

Águila de Cabeza Blanca

Las Cruces, N.M. 06/09/2011 Honorable Sr. ex Presidente del 2000

Estimado Sr. Presidente del 2000:

Por favor, nunca crea al Africano indocumentado, cada vez cuando usted es amigo con él, con este tipo de besos el indocumentado Africano obtiene más fuerza.

Ayudarme por favor y pongan al Africano indocumentado fuera de dentro de mí y pongan al Africano indocumentado lejos de mí.

Ruego que me ayude. Usted tiene el poder. Asimismo, El Servidor Secreto quien es la cabeza de los espíritus y todos los demás mafiosos, pueden poner el Africano indocumentado fuera de mí, si se les ordena. Por favor, cada vez nadie me quiere ya porque el Africano indocumentado está dentro de mí. Perdí a todos mis amigos y mi trabajo y el Director de enfermería me dijo, "No te queremos porque tienes al Africano indocumentado y destruye todo el orden aquí"!

Respetuosamente

Águila de cabeza Blanca

Las Cruces, N.M. 07/09/2011

Honorable Sr. Presidente del 1992.

Estimado Sr. Presidente del 1992:

Por favor ayúdeme, el Africano indocumentado está diciendo, "Tu eres una mujer, yo estoy practicando para hacer sexo con mi amor".

Y en mi imaginación dentro de mi cabeza el infinitamente repugnante Africano indocumentado sigue gritando, "Quiero sexo amigable contigo, somos iguales". Y en otras horribles cosas así, pero que no encuentro palabras para decir. Y él miente a cada instante porque en el Africano indocumentado no existe el amor. Y también dijo unos minutos antes, "Eres adicta a mí! porque lo que tengo aquí (él mirando su lado izquierdo) por lo que me están diciendo ". Y yo nunca hice nada del Africano indocumentado, estoy muy enferma de terror y repugnancia, y siempre respondo de la misma forma de su insolencia infinita, exactamente.

El Africano indocumentado tiene mi espíritu lleno de terror y repugnancia infinita. Por favor, deténganlo. Denme una orden de protección contra el Africano indocumentado. Tengo mi queja en la Corte Suprema de los Estados Unidos, pero una noche como siempre, cuando el Africano indocumentado tenía una horrible pesadilla, en su demencia, porque él vive atormentado, lleno de odio, sentí que me asalto con todo esta agresión en mi pecho y grite "heeeey" y al mismo tiempo comencé a imaginar que el jefe de la Corte Suprema de los

Estados Unidos, despertó en mi mente, y el creyó que yo estaba haciendo lo que el Africano indocumentado estaba haciendo, y con esta creencia, él se enojó mucho conmigo con mucho enojo, y no solo esta ira conmigo sino que sintió más enojo contra mí cuando el Africano indocumentado salió inmediatamente fuera al universo diciendo, "Ella estaba haciendo nada", como si tuviéramos una relación. Y con toda mi reputación complETAmente sucia el jefe de la Corte Suprema de los Estados Unidos no se pudo recuperar inmediatamente y sólo empezaría abrazando al Africano indocumentado y desde esa noche nunca más cuido de mí.

Por favor ayúdeme Sr. ex Presidente del 1992, y no permita que el Africano indocumentado ensucie mi reputación.

Perdí mi trabajo, porque estaba imaginando en mi mente que él está llamando la atención haciendo escándalo infinito encantado con su insolencia infinita, en todos los lugares, alrededor de mí y Mis jefes ya no me quieren por el Africano indocumentado.

Yo no vivo no más, simplemente estoy muy perturbada por el Africano indocumentado y tengo niños y no comemos bien y mi hija mayor sólo pagar el alquiler y nos convertimos en indigentes, que necesitan alimentos, ropa, en todas las cosas de la vida diaria, muy deprimida con la presencia repugnante del Africano indocumentado en mí, él tiene enorme envidia de mí demasiado.

Por favor, señor ex Presidente del 1992, ayúdeme a sacar al Africano indocumentado de mí y lejos de mí.

Gracias
Respetuosamente
Águila de Cabeza Blanca

22/09/2011 1:35 hora central, la voz Africana indocumentada repugnante infinita está dentro en mi mente, dentro de mi cabeza porque escucho que me está diciendo: "qué va a decir Mel Gibson, que se trata de una lucha amorosa?" Y no sé por qué ni nada!, y pido a todas las personas a proteger mi reputación del Africano indocumentado, porque él es un mentiroso!, por favor, nunca dejes que el Africano indocumentado ensucie mi reputación, no tengo absolutamente ninguna relación con el Africano indocumentado!

Las Cruces, N.M. 27/09/2011
Estimado Sr. Mel:

Todo el mundo ha estado exigiendo al Africano indocumentado que deje de molestarme y que se vaya lejos de mí, a veces uno más, y hay muchas razones, porque cualquiera puede obtener toda la información de la Presidencia, si es el caso, y las autoridades lo vieron muy claro; pero el Africano indocumentado está desesperado viéndome muy concentrado en mí (para sobrevivir, él dice mirándome con toda su atención).

Mi sueño en mi mente dentro de mi cabeza es llamar al Sr. ex Presidente del 2000 para detener al Africano indocumentado que se ha concentrado en mí.

El Africano indocumentado está mintiendo a cada instante, es un Africano muy, muy pobre, y él lo está mostrando en la Presidencia.

Por favor, envíame tus bendiciones y nunca permitas que el Africano indocumentado ensucie mi reputación.

Gracias
Respetuosamente
Águila de Cabeza Blanca

E inmediatamente cuando escribo esa carta a Mel Gibson, el Africano indocumentado dice, "Yo soy como Mel Gibson".

Las Cruces, N.M. 27/09/2011
Honorable Presidente
Estimado Sr. Presidente del 2000:

Sigo teniendo la voz del Africano indocumentado repugnante en mi mente dentro de mi cerebro horrible la voz del Africano indocumentado dice, "Tienes un gran amor en CD. Juárez, Chih. México y no vas a permitir a ninguna persona llevarlo lejos de ti". Estoy declarando que no tengo a nadie en Ciudad Juárez, Chih. México y aún no conozco esa ciudad y también creo que me pierdo si tuviera que ir a esa ciudad, etc.

Mi hija mayor ahora está a cargo de mi hija pequeña y estoy pensando que con el Income tax, puedo pagar al Fiscal pues necesito al menos 1,000.00 dólares para la Fiscalía que ya vi, y es la única manera que hemos encontrado. Porque estoy perturbada horrorizada por el indocumentado Africano y me estoy muriendo. Las complicaciones se sienten en infecciones de vejiga y enfermedad general sobre mí.

El Africano indocumentado dice, "Ellos van a tratarme cómo? ¿Ahora"? Como él es indocumentado Africano habla con "preguntas" y con su acento Africano indocumentado ante las cámaras de televisión y muchos problemas emocionales. Dice, "Tú no sabes qué está sucediendo y yo sí". Y todo esto está en su mente enferma, tiene demencia. Un día en 2010, dijo mostrando su infinita sonrisa Africana indocumentado y risas, "Mira, como esto, tengo todo el país!" Y lo que fue en realidad fue que había algunas personas mayores asustadas, con imágenes horribles que él les pasó cuando estaban durmiendo; y algunas personas tenían sufrimiento, y otros estaban durmiendo. El Africano indocumentado dice "Ellos van a ganando en las Campanas por la Presidencia porque todavía no tienen aviso de mí".

Gracias.

Respetuosamente

Águila de Cabeza Blanca

No tengo absolutamente ninguna relación con el indocumentado!

¿Recuerdo una película, y dice, "Ah la voy a comprar in la tienda, aaaah... alguien sabe lo que es el nombre? Tu Mombasa?"

Y un día fue con actitud realmente muy orgulloso y me transfirió la película "Avatar". Y no puedo ser o estar! Y no puedo comprender! Y para empezar yo nunca me formaría ningún concepto de eso!

Desesperado me está viendo, muy concentrado en mí (Para sobrevivir, él dice).

Mi sueño en mi mente dentro de mi cabeza es llamar al ex Presidente Sr. desde 2000 para detener el Africano indocumentado que se ha concentrado en mí.

El Africano indocumentado miente a cada instante, él es un Africano muy, muy pobre, y él está mostrándolo en la Presidencia.

Por favor, envíame tu Bendiciones y nunca permitas que el Africano indocumentado haga sucia mi reputación.

Gracias

Respetuosamente

Águila de Cabeza Blanca

Estoy perturbada horrorizada por el indocumentado Africano y me estoy muriendo. Las complicaciones se sienten en infecciones de vejiga y enfermedad general sobre mí.

No tengo absolutamente ninguna relación con el Africano indocumentado!!!

¿Recuerdo una película, y dice, "Ah, la voy a comprar en la tienda, aaaah... alguien sabe lo que es el nombre? Tu Mombasa?"

Las Cruces nacional 26/09/2011

Estimado Sr. ex Presidente desde 2000:

Por favor, da la orden al Africano indocumentado para que salga de mí, para que se vaya lejos de mí. Y Manténganlo bajo supervisión para toda la eternidad minuciosamente. Su voz es perturbarme 24/7 y me muero en sufrimiento llena de terror. Dice que lo que estoy diciendo es algo diferente, y no es verdad, él es la mentira y el truco. No permitan que el Africano indocumentados trate de hacer sucia mi reputación. Constantemente está intentando hacer sucia mi reputación diciendo que él tiene relación conmigo. Él miente constantemente.

No tengo ninguna relación con este Africano indocumentado resistiendo.

Por favor proteger mi reputación para siempre y para toda la eternidad.

Gracias

Respetuosamente

Águila de Cabeza Blanca

Las Cruces, N.M. 27/09/11

Estuve viendo el programa NOVA e donde dicen que el negro del espacio Exterior es 70% de todo el espacio exterior, y de repente dice, con su hocico, "Los negros predominamos porque somos más, ja, ja, ja"!

Estimado Sr. Presidente del 2000:

Esta noche está concluyendo mi enfermedad en mi cerebro maldito que el indocumentado Africano tiene a la mujer pervertida la señorita Mombasa que está en Durango, México, trabajando con familias en Ciudad Juárez, Chih. Perturbándolas y el Africano in documentado horrorizado mientras tanto, está cubriendo toda la escena con su sombra negra como un gran pájaro negro y repugnante desde el más allá.

Y esto concierne a todo el mundo!

Por favor, Sr. ex Presidente desde 2000, entiendo las muchas veces cuando estás enfermo disgustado por lo que el reaccionario ha desarrollado. Está diciendo que después de esta noche está listo ya para comenzar el trabajo. (?).

Por favor, esfuerza la ley sobre el Africano indocumentado.

Su risa es constantemente, su estúpida indocumentado personal Africano reír, su risa la reforzan las diferentes caras arrugadas de los Senadores y él está diciendo cada día, "ah, sí, yo estoy aprendiendo". Y no aprende nada, porque el Africano indocumentado es mentalmente deshabilitado; la única cosa que el país puede enseñarle, es que nadie puede hacer a los Estados Unidos lo que él ha intentado; Y NUNCA VOLVERA A INTENTAR.

El Africano indocumentado me dijo: "Mira, ahora puedo perturbar a todo el mundo en el viejo Continente a través del mar"; y yo respondo, "NO! tu nunca serás"; y dice con su estúpidamente reír, "Por qué?" Y en este momento llamo en voz alta, "Porque aquí está los Estados Unidos de Norteamérica".

Gracias.

Respetuosamente.

Águila de Cabeza Blanca

El Africano indocumentado siempre está afuera en el universo haciendo un espectáculo grotesco y fealdad repugnante y cada vez tengo que llamar desde mi cama el nombre del honorable Expresidente del 2000.

Las Cruces, N.M. 17/09/2011

C.I.A.
Oficina del Inspector General
Agencia Central de inteligencia
Washington, DC 20505

Estimado señor:

Desde 2009 el Africano indocumentado con El Servidor Secreto (de Las Cruces, N.M.) me descubrieron sola y desde ese momento ellos están cometiendo delito sobre mí, tratando de ser en espíritu en mí y tratando de sexo cosas en mí, etc., para tocarme con su cabeza fósil y el Africano tiene envidia en extremos de mí, y le gustaría ser yo.

Ya reporte a El Servidor Secreto a la Comisión de normas judiciales en Albuquerque y vinieron aquí in Octubre pasado a dimitir de la Corte Municipal a El Servidor Secreto. ¿Pero no alcanzo a comprender cómo? obtuvo otro trabajo in administración de medicina a personas deshabilitadas, bajo el juez del Tribunal de Distrito. El Africano indocumentado está usando todo esto como terapia porque es pobre inadaptado desesperado. El Africano indocumentado le gustaría copiar mis creencias y a intentar ser como los demás. Está haciendo delito en mi así!

Siempre es twitting en el equipo de la Presidencia, de 5 p.m. a 10 p.m. y el sábado y el domingo. Él está desesperado y odia a la sociedad. La Corte Suprema de los Estados Unidos me recomendó no dejar que me lastime. Lo único qué los Africano indocumentado me inspira a mí es repugnancia infinita y siempre está diciendo cosas malas de los demás. Él tiene una idea enferma de envidiar a mis maridos bellos. Por favor ayúdeme a poner al Africano indocumentado fuera de mí y lejos de mí. De todos modos es el enemigo y él nunca querrá a nadie.

Gracias
Respetuosamente
Águila de Cabeza Blanca

Las Cruces, N.M. 27/09/2011
Honorable Republicano.
Honorable Sr. ex Presidente del 2000.
Honorable Sr. ex Presidente de 1992.
Tribunal Supremo de los Estados Unidos.
Estados Unidos de Norteamérica.

Por favor, den la orden al Africano indocumentado para salir de mí, para que se vaya lejos de mí, inmediatamente apliquen la ley sobre él. Y pongan seguridad alrededor infinita seguridad alrededor para toda la eternidad.

Gracias
Respetuosamente
Águila de Cabeza Blanca

Las Cruces, N.M. 30/09/2011

Honorable Senador Republicano.
Washington, D.C.
Muy querido Senador Republicano:
Me despierto esta mañana escuchando en mi mente
dentro de mi cabeza la voz Africana indocumentada como
si promete violar a mi hija mayor, y me perturba mucho esa
voz en mi mente, y dice, "Ahora tomo permanentemente
a tu hija"; pero él esta mintiendo porque su esencia es
perturbar esta casa desde 2009 mentalmente por mente en
espíritu y en tratar de sexo. Y dice que no importa si me
voy del país de alguna manera él va todavía en mi hija para
hacerla a ella que me olvide complETAmente. Dice que
es su próximo plan. Y dicen que tiene muchos planes para
mí. Y él estad constantemente tramando diferentes cosas
sin parar y su voz en mi cabeza perturbada no me deja un
solo segundo. El Africano indocumentado: "Eres negra
Africana".
Por favor no me relacionen con el Africano
indocumentado, su voz dentro de mi mente me ataca a mí, me
invade y viola mi idiosincrasia, etc., no sabe respETAr.
Por favor ayúdeme, ponga al Africano indocumentadol,
lejos de mí y ponga seguridad alrededor, seguridad infinita,
para toda la eternidad.
Gracias
Respetuosamente
Águila de Cabeza Blanca

El Africano indocumentado no necesita incluso ropa,
entonces, él va a ser siempre el mal a los Estados Unidos!
02/10/2011 Me dijo, que "No te preocupes si voy o si vas,
estoy ya dentro de ti!" Y estoy llena de terror!
Creo que el Africano indocumentado no ama a nadie
en el mundo entero, incluso poco, y yo soy la promesa

que el Africano indocumentado odia a toda la sociedad y especialmente a todos los Estados Unidos.

Las Cruces, N.M. 10/10/2012
Estimado Sr. Donald Trump:
Permítame presentar ante usted mi suplica: mi nombre es Águila de Cabeza Blanca y soy de la Universidad de Suroeste de Nuevo México en Las Cruces, N.M. Estados Unidos de América y soy madre de dos hijas.

El indocumentado Africano ha estado tiempo completo utilizando el nunca usado antes en la historia como el más nuevo de los vehículos militares, incluso con control remoto, más viajes a allí que ningún cuerpo, dinero, etc. y estoy pensando en mi mente dentro en mi cabeza que él fue buscando y buscando refugio para volver allí, a alguno de los Continentes, de las Naciones Unidas, a través de las aguas de América, donde él pueda quedarse. Y hasta este día 2:11 pm aún no obtiene ningún refugio. Porque aquí en los Estados Unidos de América más tarde ha sido identificado, por lo que no será capaz de hacer nada nunca o nunca.---------------- Por eso él tiene que estar bajo supervisión en todo el mundo para toda la eternidad en cualquier lugar donde se encuentra.

He estado percibiendo al Africano indocumentado como una sombra negra y es la expectativa de engañar, la mentira, cada vez que él habla, y es la sustancia Azufre en forma de una sombra negra.

-Luego mantenerlo bajo supervisión por toda la eternidad-
En el estudio que le hice a él mentalmente por mente en mi imaginación, siempre estuvo en respuesta como orangután luchando todo el tiempo en barbecho todo con la actitud de la seguridad de que sería algo más que llegaría después del otro; y cada vez mejor paré ese período de sesiones cada vez.--
Gracias
Respetuosamente
Águila de Cabeza Blanca

Las Cruces, N.M. 11/10/2011

Sr. ex Presidente del 2000. Querido ex Presidente del 2000:

Hoy tengo en mi mente la voz distorsionada del indocumentado Africano dentro de mi mente, en mi cerebro, como si él comienza diciendo que él va a tomar todos mis sentimientos y problemas emocionales con él para que yo no sienta. Yo nunca he sentido ningún sentimiento y nunca tengo problemas emocionales, soy una enfermera. Él miente a cada instante y siempre está esperando engañar. Nunca saldré al universo exterior porque soy normal, y tengo la tierra para quedarme. Y él está utilizando mi imagen y mi voz para saltar como orangután en el universo. Él me esta perturbando constantemente.

Por favor nunca confianza le dé, él siempre está tramando cosas diferentes. Su voz en mi mente, es como decir que a partir de ahora, él va a renovar la Presidencia para que nadie haga cambios cuando obtengamos al Presidente Republicano.

Por favor mantenerlo bajo supervisión y poner seguridad alrededor de él, seguridad infinita, para toda la eternidad y nunca se rindan.

Por favor, tome al indocumentado Africano fuera de mí, llevarlo lejos de mí, él está horrorizado y estoy llena de terror.

Gracias

Respetuosamente

Águila de Cabeza Blanca

Las Cruces, N.M. 27/10/2011

Estimado Sr. ex Presidente del 2000:

Una vez más tengo esta voz en mi cabeza y es el Africano indocumentado errante voz diciendo como reaccionario, "Me dieron a la Texano primera dama!" Y cuando de repente yo caché sus insolentes pensamientos, solo me dijo, "Así quiero tenerte, para estar riendo".

Y siempre está mintiendo, no es sorprendente?, porque él tiene desde todos los tiempos, desde siempre su risa repugnante en el ADN, (Su risa es acerca de la demencia, porque vi que es sin fin dentro de él cuando la realiza y esta risa no tiene programa para terminar y es adentro de él y gira sobre la demencia). Y no tengo ninguna relación sobre ella.

Estoy ocupada en mi vida, pero el Africano indocumentado está muy concentrado en mí y yo comienzo a tener las alucinaciones y percibir en mi mente mentalmente por mi misma en mi cabeza, que el trata de transferir imágenes a mí, y como digo antes, originalmente es impotente; Ahora comienza a tener en mi mente la imagen de un Africano indocumentado haciendo sexo en otra figura del mismo origen étnico y después de eso, él me transfiere lo que sentía en la consumación sexual, y no es nada sobre el éxtasis normal (no sé cómo describirlo).

¿El Africano indocumentado dice anoche, "Y si un honorable Republicano fracasa en amor conmigo? Dice, "Que mejor que estar preparados! Porque voy a darles órdenes ejecutivas". Y no sé cómo trata de engañar a la gente, como si tuviera alguna relación con él, porque aquí lo que sucede es que escucho su voz dentro de mi mente perturbarme 24/7 como si él estaba muy concentrado en mi y él se siente en más que en el paraíso, respecto de su pasado y ahora. Y él no se da cuenta que yo soy su peor enemigo!

Gracias.

Respetuosamente

Águila de Cabeza Blanca

Las Cruces, N.M. 03/11/2011

Ayer, el Africano indocumentado vio al Sr. Steve Scalise Congresista, en TV quejándose de la actual administración; y el reaccionario Africano indocumentado no entiende incluso Estados Unidos, porque es en esencia Africano indocumentado, y dice con el hocico, "Según lo que he visto en la TV, se está refiriendo sobre pequeñas cosas!".

Cuando en 2009 empecé a tener esta voz Africana indocumentada en mi cabeza dentro de mi mente escuché que dice, "Qué? No tengo nada que perder, porque no sé nada de los Estados Unidos, pero fui a ti cuando te llenaste de terror con lo que escribí o dije, y ahora puedo conocer que es errónea y eliminarlo, yo puedo borrar lo que sea y ahora sé cosas del universo a través de ti, como la información de NOVA donde se ha encontrado que el universo es más del 70% negro"?, y él agrega, "Deseas saber cuántos motivos tiene el Honorable Republicano para cumplir mi bien"? Dijo mostrándome sus dedos anormales. Y dice, "He aprendido a dormir en tasas pequeñas para no tener insomnio en el día y así, puedo perturbarte toda la noche".

Dice que, "Todavía no le crecen las partes privadas al restaurantero aspirante a la presidencia, con lo que está pasando?" (Él dice mirando a mí, pidiendo y tratando de reír de todo el mundo). Me dijo, "Pueden trabajar y pueden gobernar, y yo quedarme en la Presidencia"; Cuando todo el mundo entienda esto, voy a ser feliz, pero estoy aquí!"

Dice, "A falla…., Medina…, ya tienen suficiente. Dice, "así…, porque me……"

Él me muestra la imagen de la ilusión de dos grandes autobuses oscuros, uno detrás de otro, y él escupe en el bus de vuelta oscuro. Dice, "Yo soy quien dicen las noticias", "todos los placeres del mundo", "y los mensajes sobre la pequeña. Terminaron".

Siempre está diciendo las palabras "Porque" y "Pero".
Gracias
Respetuosamente
Águila de Cabeza Blanca

El Africano indocumentado es infinitamente repugnante y estoy llena de terror, he visto en las noticias que llegó a

El Paso, TX., vociferando que detuvieran la ejecución de un malhechor condenado a la pena de muerte! Y estoy llena de terror!

Las Cruces, N.M. 06/11/2011

Comité Nacional Republicano
Washington, DC 20003

Queridos amigos:
A través de esta carta, estoy quejándome del Africano indocumentado porque su espíritu esta metido en la banda de espíritus organizado desde 2009, por envidia, abusando mucho, causando que perdí mi trabajo y la bondad.

Pido aplicar la pena máxima para el Africano indocumentado y rogando que lo pongan fuera de las Elecciones Presidenciales de 2012.

Que agregar todos los caso y explicaciones y espero que finalmente lancen al Africano indocumentado fuera del Gobierno de Estados Unidos de América.

Imploro!
Gracias
Respetuosamente
Águila de Cabeza Blanca

Las Cruces, N.M. 06/11/2011
Comité Nacional Demócrata
Capitolio
Washington.

Legisladora, Presidente:
A través de esta carta, estoy reportando al Africano indocumentado porque está metido en la banda de espíritus organizada desde 2009, por envidia, abusando mucho, causando que perdí mi trabajo y la bondad.

Pido aplicar la pena máxima para el Africano indocumentado y rogando que lo pongan fuera de las Elecciones Presidenciales de 2012.

Que estoy anexando todo lo del Caso y explicaciones y espero que finalmente lancen al Africano indocumentado fuera del Gobierno de los Estados Unidos de América.

Yo soy exigente a dimitir al Africano indocumentado del Comité Nacional Demócrata.

Imploro!

Gracias

Respetuosamente

Águila de Cabeza Blanca

Las Cruces, N.M. 07/11/2011

La fiesta del té.

Queridos amigos:

El Africano indocumentado no detiene su hocico y muy "melancólico" horrible y muchas veces llora con lágrimas, Y tengo mi espíritu aterrorizado, y está diciendo: "antes de….., las recuperaremos, no, no, no, …., traer sólo él…..

Desde hace muchos días, que está diciendo, "limbo, limbo, el primer uno….., que….., puede hacer que caca….. y Medina…".

Por ejemplo, cree que él puede preguntarme y yo responder a él, etc., y no tiene ningún sentido!, además, él tiene esquizofrenia bastante.

Muchas veces, dice que por la noche, "algo está sucediendo en la Presidencia!", y él saltando y gritando mentalmente por la mente y en espíritu, porque él no habla con su mujer negra!

Dice, "Pero".

Dice, "Porque tengo un amigo de los sueños!", (?).

Dice, "Bueno, dicen ellos…..", "Siempre así".

Hoy martes, 07 de noviembre de 2011 (8:24), él está llorando con lágrimas, melancólicas.

Y no para su hocico y dice, "Que sí". Dice, "ComETA". Al mediodía, dice, "toda la mañana es errantes de la poca".

Dice, "para hacer pelad…..".

Y todo el tiempo está diciendo, "Mentirosa". Él dice: "buuuuuut….".

Él tiene 24 horas haciendo muchas preguntas diferentes, (?).

Por favor, no permitan al Africano indocumentado reaccionario que ensucie mi reputación.

Gracias.

Respetuosamente

Águila de Cabeza Blanca

Las Cruces, N. M. 09 de noviembre de 2011

Estimado Sr. Senador Republicano:

Ayer por la tarde tuve la voz horrible Africana indocumentado en mi mente, dentro de mi cabeza y estaba oyendo, como un asunto humorístico, que él estaba teniendo a la maldita indefensa demente mujer la señorita Mombasa que está en Durango, México, (son 3 horas de diferencia en el reloj del Africano indocumentado y cuando estaban en el toque, ella dijo, "Aaay, Hey!, aaaaaugh, etc.", y el Africano indocumentado contestaba, "Bueno, sólo dime cómo te gustaría y haré cómo deseas y cómo quieras?". Por la noche él transfirió a mi mente los resultados de su horrorizada anormales actuación, y toda mi familia dijo que me vaya al hospital, y en estos momentos escuché a la mujer demente Señorita Mombasa la que está en Durango, México y me asesoro diciéndome que el Africano lo había hecho e inmediatamente me puse la almohadilla de hielo del congelador, en mi frente fuertemente a la cabeza y comenzó a caer una sombra negra de azufre en partes y me acosté en la cama y puse gotas en mis ojos con cubos de hielo. Realmente me siento exasperada, porque estábamos dirigiendo al Africano indocumentado al lago de fuego y Azufre, y ahora descubrimos que él es, o es parte del lago. El representante. Tiene los mismos elementos.

Recuerde, él ha estado engañando a todo el pueblo porque su envidia infinita y su esfuerzo anormal para ser como todos nosotros.

Gracias.

Águila de Cabeza Blanca

La voz Africana indocumentado lo que he oído en mi mente, en mi cabeza, dice con sufrida emergencia, que él es quien recibe toda la felicidad, y que él camina en la felicidad en medio del Congreso y ellos ven esto. Y como estoy paralizada por su insolencia infinita, porque no es mi negocio! No necesito saber nada del Africano indocumentado.

Esta noche es año nuevo y a 13:00 estoy en mi cama sumiéndome in mis pesadillas de noche y tuve la alucinación donde tirado hacia su esposa, él está experimentando una emoción deleitado como si la loca indefensa Señorita Mombasa que vive en Durango, México hizo exactamente lo mismo que él, y él quiere echarle la culpa a míiiiiiiii. Y él está mintiendo! Ella siempre ha creído que es yo, y la misma educación ella les ha dado a los otros miembros de la pandilla organizada de espíritus.

Y desde que el infinitamente repugnante Africano ilegal apareció en la Presidencia inicié hablando un par de poemas y uno de esos discursos fue este:

1- "El Africano indocumentado pertenece es de África y es en el Continente Africano, in the African Continent, donde él permanecerá para siempre, y por los siglos y siglos, Amen, amen y Amen!

Me quedo con cada discurso repitiéndolo por un tiempo determinado, y más tarde, me encontré hablando de esto:

2- "Miren sus dedos no se olviden de mirar sus dedos, por favor"!

Y otro discurso era necesario hablar constantemente, durante largos meses:

3- "Quitenme al Africano indocumentadol, por favor, él es infinitamente repugnante, él se horroriza y estoy llena de terror!"

Y en cualquier momento cuando me ataca yo hablo:

4- "Maldita sabandija insolente, infinitamente repugnante, especie animal, fealdad, maldito Africano indocumentado"!

Y cuando empiezo a hablar más fuertes miles de veces este último discurso, él dice con su hocico, "todo esto no tienen nada mal y revise todo el mensaje y lo que dice y no hay nada malo, lo único malo es la palabra animal, pero eso es todo!

Su fórmula fue cuidadosamente mantener en el Partido Demócrata en secreto uno del otro entre sí para él poder avanzar y odiar a la coordinación de los conocimientos generales de las cosas en los grupos. Él no desea que nadie se preocupe en el país sobre cualquier cosa, porque él quiere ser personalmente responsable de dar las cosas lo que desean de cada persona, individualmente, cada persona con diferente Constitución, y les dice que puede hacer todos los arreglos necesarios en los proyectos de ley para dar lo que cada persona desea y cómo a cada persona le gusta.

Y la voz me dijo hoy, "Hay que pedir ayuda contra El Servidor Secreto y la Señorita Mombasa demasiado, no sólo contra mí". Y entonces yo pienso, "Oh rayos! ¿Cómo pueden ser, si yo soy su peor enemigo! "Y no tengo nada que decir de la Señorita Mombasa y yo respeto a El Servidor Secreto. Y en mi mente tengo la alucinación dentro de mi cabeza millones de veces al día en que la voz reiterando infinito odio a El Servidor Secreto y estoy realmente deseando proteger a El Servidor Secreto para toda la eternidad complETAmente!

Las Cruces, N.M. 11-2011
Estimado Honorable Republicano:
Yo sólo haciéndole saber que el indocumentado Africano no puede todavía nunca o constantemente en hacer nada del verbo hacer.

ME DIJO:
NO IMPORTA SI EN TU CASA TIENES ALGO DELICIOUS PARA COMER, QUE TE SECARE LA BOCA DE ADENTRO Y SI ES NECESARIO HASTA HACERTE RANURAS!
ÉL ME DIJO;
CERRARÉ TUS OJOS PARA SIEMPRE!
Hoy dijo, 27/12/11, "Y voy a hacer todavía muchos viajes al viejo continente!". (?)

Las Cruces, N.M. 29/12/2011
Estimado Senador Demócrata:
Debería alcanzar al Africano en este momento usted puede conocerlo sin energía, porque él hizo escape dejándose así mismo sin energía. Y si no, tendría que esperar porque él ya ha comenzado a cobrar carga otra vez, con sentimientos muy horribles de terror.

Luego compruébelo ahora porque El Servidor Secreto y el Africano indocumentado están haciendo el sexo mutuamente mentalmente por la mente y espíritu en mi imaginación en mi mente dentro de mi cabeza.

Gracias
Respetuosamente
Águila de Cabeza Blanca

Estimado Sr. honorable ex Presidente de 1992:

Muchas veces, el Africano indocumentado 1 piensa en cuando fue su Administración Presidencial, (y todos estos momentos él sigue sonriendo con desdén. Y el siempre desea para el mismo las administraciones de todos los Presidentes).

Gracias

Respetuosamente

Águila de Cabeza Blanca

26/12/2011, Dice, "ahora estoy practicando a subir escaleras sin saltar uno solo de los escalones"!

Las Cruces, N.M. 26/12/2012

Honorable Sr. Presidente de 1992:

Vamos, todos los Demócratas y los Republicanos y los demás, vengan, vamos a ver lo que el Africano indocumentado ha preparado para Usted. Durante mucho tiempo él fue a juntar algunas cosas de sexo y él ha guardado esas cosas o "sentimientos" para engañar a que todos ustedes le den reconocimiento. Pero él es impotente y las obtuvo con El Servidor Secreto hace mucho tiempo, nada por el momento. Pero no soy yo, es sólo mi imaginación.

Pero ahora en 1:17 hora central, todos ellos de su pandilla de espíritus, están teniendo un escándalo porque toda la pandilla de espíritus está violando a la desesperada deshabilitada que está en México señorita Mombasa.

Respetuosamente

Águila de Cabeza Blanca

Él tiene un sueño enfermizo y él está comprobando a mi familia para ver si he tenido in mis ancestros a África aunque sea in una sola gota. (?)

Él dice, "Yo soy el refresco de cola"

Y dijo con sufrida emergencia, que él es quien recibe toda la felicidad y que él anda en felicidad en medio del Congreso, y que ellos ven esto, y que todo esto está ocurriendo. Y estoy paralizado por su insolencia infinita, porque no es mi negocio!

Las Cruces, N.M. 11-2011

Ya terminó su "proyecto" de hacer sexo con algunos sintiendo lo que había sentido alguna persona en años atrás, o cosas como de alguien más; para poder engañar a la gente. Y con risas pregrabadas, voces, exclamaciones, ruidos humanos, pre-grabados etc. porque pertenecen a otro momento que no es el presente!

He leído la noticia donde un Senador de Arizona declaró a las noticias que el Africano indocumentado ha venido violando Ley de poderes de guerra con la misión de Libia porque para cualquier guerra de Estados Unidos es necesario legalmente presentar una autorización roja del Senado o los Estados Unidos de América. Y el Africano indocumentado sin pedir la opinión de nadie en el país, hizo que los ciudadanos de Libia se mancharan las manos con puñaladas con saña sucia ellos mismos, todas las familias civiles, comerciantes, funcionarios, médicos, trabajadores en el campo, secrETArios, etc..

26/12/2011, Dice, "Quiero ser tú, y no voy a descansar hasta yo sea tu ser!"

Todo el tiempo está intentando robar las creencias de los Americanos y todo lo que él toca destruye automáticamente en el toque.

Declaro que el Africano indocumentado es lo más horrible que he visto en mi vida; por favor poner lejos de mí este Africano indocumentado

Infinitamente tengo asco de él, él está horrorizado y estoy llena de terror!

Capitulo Tres

2011 La Homosexualidad del Africano Indocumentado

En este capítulo voy a explicar con mis propias palabras las alucinaciones de escuchar, ver, sentir y oler que he ido teniendo de la homosexualidad del Africano indocumentado desde 2009 que apareció y cuando leí el libro Cocaína, Sexo, Mentira y Asesinato por el Sr. Larry Sinclair.

Las personas estaban pensando que es bisexual, pero no! Felizmente te digo que él es sólo homosexual!

Independientemente de lo que se refiere a me. Por lo tanto declaro todo esto ante la Corte de Los Estados Unidos. Yo nunca estuve cerca de él o interesada en él y también siempre estoy tratando de ponerlo lejos de mí. Pero desde 2009 él está siguiéndome utilizando magia negra y como idea enfermiza entre sus dos ojos horribles y concentrado en mí con su horrible sufrimiento y muchos problemas emocionales horribles lo tiene haciendo un esfuerzo grotesco con todos los sentidos para cometer el delito de tratar de tocarme en sexo a través de la distancia.

Y estoy exigiendo a todas las personas que pongan al Africano indocumentado lejos de mí.

Desde 2009 la figura de su imagen me está siguiendo en mi mente concentrado con su horrible sufrimiento y varios problemas emocionales horribles haciendo un esfuerzo grotesco con todos los sentidos para tocarme a través de la distancia mentalmente por la mente en espíritu dentro de mí en mi cabeza. Y estuve leyendo esta esencia pobre maldita e insolente e informé inmediatamente a todas las autoridades del país.

Los mafiosos de espíritus le dijeron al Africano indocumentado que hago el amor "Celeste" produciendo estrellas azules in todo mi dormitorio.

Entonces no sé por qué, él no espero ningún instante y desde 2009 está intentando violarme a mí en sexo en espíritu, mentalmente por la mente a través de la distancia, y él no para su hocico diciéndome toda la distorsionada habla como suele hacer. Y su acción no tiene ningún sentido.

Declaro todas estas cosas ante la Corte Suprema de los Estados Unidos, y lo que carece.

En la figura Africana indocumentado de mis alucinaciones fracasó en todos los aspectos, también en el concepto sexual porque su existencia nómada sin familia y lleno de desprecio por la repugnancia que inspira, es exclusivamente homosexual.

Aunque está casado, desde 2009 ha tenido dos o tres veces una experiencia de la emoción dura y como resultado ha producido en su fea cabeza una cimbra que duró activa durante las próximas veinticuatro horas.

Y la mayoría de la gente estaban pensando que él podría ser bisexual, pero Felizmente te digo que él es exclusivamente homosexual!

Su cerebro no ha tenido un éxtasis victorioso con el "descanso" sintiéndose agotado, que normalmente en todos los seres humanos normales se realiza como normal descanso o a través del escape como debe ser el resultado normal del acto sexual. Y esto es porque el Africano indocumentado es homosexual!

Con la base de sus antepasados y con este tipo de vida, todos los pecados del mundo se centran en el Africano indocumentado. Por lo que en este libro o informe estoy rogando a todas las personas si tienen oídos escuchen y si tienen ojos vean!

Esto es un caso sin precedentes en toda la historia. Es todo lo malo del mundo. Físicamente deformidad, mentalmente deformidad y no vas a creer esto, pero su corona es "Él es de lo que nos debemos de alejar" tiene su sombra negra lo que es una sustancia Azufre.

YO, AGUILA DE CABEZA BLANCA, PUEDO DECLARAR ANTE LA CORTE SUPREMA DE LOS ESTADOS UNIDOS DE AMÉRICA Y LO QUE CARECE, QUE ESTAS SON LAS ALUCINACIONES DE ESCUCHAR, VER, SENTIR Y EL OLOR DE LAS COSAS QUE HE TENIDO SOBRE EL AFRICANO INDOCUMENTADO DESDE 2009.

Y él está desarrollando algo como alguien con belleza cuando dije, "Cortó él en cirugía la verruga que tenía en su rostro negro". El otro día él dice, "Yo vivo en una casa mejor que tú". Y hoy él me dijo, "Yo voy a tener una victoria contra ti porque voy a enseñarle a ellos una escena especial". Y no hago absolutamente ningún sentido de esto. Todo el tiempo él dice cosas como, tomándome el pelo y lo que veo en estos pensamientos es deformación justa.

Estimado Senador Republicano:

Debería alcanzar al indocumentado Africano en este momento usted pueden conocerlo sin energía, porque él tuvo escape, dejándose a si mismo sin energía. Y si no, tendrá que esperar porque él ya empezó a cobrar carga con cosas muy horrorizadas de terror.

A continuación compruébelo.

Gracias.

Respetuosamente.

Águila de Cabeza Blanca

Las Cruces, N.M. 22/12/2011

Estimado Senador Republicano del Federal:

Estoy enviando esta carta.

Anoche cuando me decidí a enviarle esta carta fue porque yo estaba experimentando alucinaciones en mi mente, mentalmente dentro de mi cabeza, percibí la figura del Africano indocumentado 1 sufriendo un ataque de terror emocional horrorizado y dijo, "Llego el momento de dejar todo en la Vicepresidencia para dedicarme sólo a ella".

A las 5:00 am, escribí esto en mi libro de nota, pero cuando comencé a poner esta carta en el equipo de computadora, inmediatamente inició el Africano indocumentado diciendo que él me está violando a mí, y si trago saliva, sería la prueba, y él está teniendo la esperanza de que yo hable las palabras "Ah, estoy siendo violada". Pero nunca he hablado con él.

Y pasó muy satisfecho fuera de la cama ya en esta mañana.

Pero como Africano indocumentado, él mantiene la actitud "devastada" desde las 5:00 a 8:00 "a engañarme" según el propio! Y dice, "Lo prometido es deuda al Senador Demócrata". Y lo que ocurrió esta medianoche es que los otros chicos de la pandilla de espíritus le convidaron un pedazo de sexo. Entonces él intenta llamar mi atención, pero no puedo ser, yo soy sólo un Sargento primera clase y lo único que me preocupa es ordenarlo a la C.I.A. y ya lo hice.

Y cuando estaba yo sola en mi cama, me fui sintiendo que el Africano indocumentado me dijo: "Tu padre procedió de China para conversar conmigo y él te dio a mí, eres China!"

Y desde ahora va a estar esperando su "resolución" sobre esta carta, viendo lo que sucede a partir de ahora, porque si te pones molesto al recibir este reporte, el cambiaría su actitud como tomar un galón de agua y ponerse in el medio de la Casa Blanca y siento repugnancia al escribir esta carta, pero que sólo lo escribo porque no quiero que nadie me mantenga en secreto. Y ahora, él está diciendo que lo único que va a hacerle muy feliz es trabajar in saber lo que dice la C.I.A. cuando conocí a la Agencia para saber de mí. Y no sé por qué o para qué le gustaría saber eso a través de mí.

Y en 2009 cuando él fue a reunirse con El Servidor Secreto en el universo una noche, sin invitación, dijo que le gustaría participar en la pandilla criminal de espíritus de El Servidor Secreto, en donde en cada uno de ellos había una relación de uno a otro establecida por la belleza de cada uno de los miembros del grupo; y sin respuesta, comenzó él mismo haciendo y moviéndose como orangután infinitamente excitado en la pandilla de espíritus y fue horripilante sobre "repugnancia" y tuvo que ser llamado el Departamento de policía de Las Cruces, en espíritu y el Africano indocumentado nunca pudo comprender que todos los de la banda fue formada por amantes entre si y nunca por extraños. Y aaaaaaaaaaaah cómo acostumbraban a jugar entre sí en la pandilla de espíritus, y en cambio en el Africano indocumentado había mendicidad, (Aclaro que El Servidor Secreto ya había sido reportado a JSC en Albuquerque y el judicial ya lo había arrestado), pero la izquierda Africano indocumentado fue a El Servidor Secreto suplicándole que él quería fuertemente ser uno de ellos. Y en cambio en el Africano indocumentado había mendicidad e incluso como llorando muy deprimido rogo a El Servidor Secreto enseñarle cómo hacer sexo conmigo, porque le dijeron que habían tenido relación conmigo algún tiempo en la vida, declarando que yo nunca fui en pandillas. (?).

Y el Africano indocumentado pasada medianoche, cuando decidí que Usted sepa todo esto; comenzó a desarrollar como si él y yo tenemos una relación. Y él tiene diez horas derechas desarrollando como si somos amantes, y yo nunca podría ser eso, ni siquiera en la demencia!

Cuando el empezó a seguirme en sexo, él consiguió estar sobre me en espíritu y en mente en mi espalda debajo de mis hombros, y permaneció ahí arañando su cuerpo haciendo y haciendo en espíritu y mente dejando el espacio rayado y dejando ese espacio lleno de repugnancia, y cuando salió, dijo, "Estate en el trabajo para que puedas pagar tus facturas". Y él iba volteando su horrible cabeza hacia mí para comprobar si él me engañó sí o no; y cuando terminé mi tiempo libre, me levanté de mi asiento y fui a la Oficina e hice mi renuncia. Y nunca volví a trabajar no más desde Junio de 2009 y ahora es Diciembre de 2011. Él ya me molesto.

Y me dice a mí, "Que nunca masturbarte tu nunca más!". Y luego, recordando cuando me masturbaba yo, un día en mis días de juventud, creo que también puedo probar y me puse en el sofá por mi equipo y comencé a intentarlo pero encontré todos mis músculos sexuales como la muerte porque ahora soy ya cincuenta y cuatro años de edad y supongo que para eso tiene que haber una preparación en existencia.

Es cada noche, y también el domingo por la noche experimentando profundas emociones horrorizado desarrollando una inFidelidad horrorizado ataques muchas veces cada noche cuando recuerdo a mi marido o todos los amantes de mi vida. Y esta mañana a las 5:00 am que llevaba una estadística de toda esa información después de la verificación por la mente, con El Servidor Secreto de Las Cruces, quien es su profesor.

Yo estaba vagando in mi mente y pense, muy, muy ligera, "Aaaah El Servidor Secreto es Mexicano"; y en este momento el Africano indocumentado cree esto en fuerte manera

(Porque él cree que yo soy Dios, el Africano indocumentado repugnante lo dice todos los días) y no sé si El Servidor Secreto es Mexicano sí o no!. Y lo único que sé que puedo demostrar es que El Servidor Secreto es un héroe en la feroz lucha contra lo que un grupo de personas se regodeaba la verdadera identidad indocumentada Africana, porque después de él a partir de la Presidencia, comencé a tener estas alucinaciones y en mis sueños intercepte en él el contenido de Azufre. Y como cuando en la corte finalmente el acusado pierde la salvación, empezó sonriendo infinito y no ha parado desde las 3:00 am cuando decidí esta mañana enviarle esta carta.

Y por esto el Africano indocumentado apareció observándome, en su sufrimiento sangriento, viendo mis pasos y él ha estado engañando a todos ustedes diciendo de mí, historias sexuales imaginarias. Está diciendo, para mí, que desde este momento él se conforma como los que tienen el virus y lo transmiten a alguien como con propósito. Él ha estado buscando su propio ante el espejo complETAmente vagando muy confundido por si mismo vociferando, "¿por qué me eligieron?"

Guarden al Africano indocumentado bajo supervisión, no por gran potencia, pero por reaccionario. ES FÍSICA Y MENTALMENTE DISCAPACITADO.

------------VER LA INSOLENCIA QUE HE LEÍDO EN SU ESCENSE----------------COMO ÉL ESTÁ MUY CONCENTRADO EN MÍ, SU LECTURA DE ESENCIA SUFRE PORQUE ES INDOCUMENTADO AFRICANO, LES SUPLICA NO CAPTURARLO, CON UN ODIO PROFUNDO A LOS ESTADOS UNIDOS DE AMÉRICA, PERO NADIE SABE ESTO, PORQUE EN 2009, CUANDO FUE ELECTO Y PARA SU DESESPERACIÓN DE QUE DE LA NADA Y PORQUE ÉL ESTÁ AQUÍ EN EL PAÍS ÉL PUEDE SER ARRODILLADO ANTE EL CAPITOLIO, PERO ÉL NUNCA TE QUERRA!

Y la única forma en que el quedaría "Exhausto", relax, sería si lo llevan de la mano, como cuando el Honorable Republicano le llevo a intentar en el juego de golf, para el desarrollo como ese. Porque de lo contrario, es lo único que sabe hacer, como en cada partido que ha estado en la Presidencia desde 2009. Y que en todas las otras cosas de Presidencia le es muy difícil ser.

Desde 2009 tengo su voz en mi cabeza, en mi cerebro me amenaza con despegarme de los cupones de alimentos y otros Programas de todo el país, que me asusta amenazante. Y yo digo, "OOOOOH relámpagos, ¿cómo puede DECIRNOS esto, si tomo todos los sellos de alimentos y otros programas en el mundo, por lo menos! para quitar el mal de la tierra.

Le interceptaron cuando él estaba comenzando vagando en encontrar una forma de tocarme a mi persona. En 2009 el admiraba profundamente la imagen de Saddam Hussein con el uniforme y bandera de Irak y todo y todas esas cosas. Pero comenzó mostrando lo contrario de cada actitud, porque la gente comenzó a llamarlo a él en 2009.

Con sufrimiento, le gustaría poner mi cerebro fuera o saberme en México con el mundo español alrededor de mí y nada de Ingles, etc.. Dice desde hace un año, "Me voy a la relección, porque no quiero que ella tenga la victoria". Pero no tiene ningún sentido porque si dirige a la relección o no, el nivel de él no cambia en lo absoluto, porque soy su peor enemigo para toda la eternidad.

Y él está desarrollando como alguien con la bella durmiente y "amores" cuando escribí, "él corto en cirugía la verruga que tenía en su rostro negro".

Los pensamientos del Africano indocumentado son infinitamente repugnantes para mí para toda la eternidad complETAmente!

Y hoy miércoles, 20 de diciembre de 11 cuando estoy buscando en Internet la página de parte de los Republicanos, tengo en mi cerebro su voz horrible como diciendo que ya soluciono su impotencia con mi sentimiento por la escena de equipo de caballo de crianza, y lo que sentía, aún lo tiene. Y choqué con pequeñas ventanas de extra en mi lado derecho de la pantalla donde vi el caballo blanco de crianza, y dijo inmediatamente con su infinita estúpidamente repugnante sonrisa Africana, "No, no!, fue el caballo negro!"

Y algo muy Snoopy, tiene todo el tiempo constantemente, ofreciéndome a sus parientes para decirle a ellos o hacerles "algo" (?), pero nunca en mi vida ataqué a nadie y el problema es que precisamente estoy no interesada en todos ellos, en lo absoluto!, y también esta haciendo lo de sus familiares para ver si él puede mantener mi atención para estar perturbándome. Y sé algunos idiomas de la tierra, pero no puedo encontrar las palabras para relatar muchas de las cosas lo que está desarrollando dentro de él y también con sus problemas emocionales horripilantes, porque realmente, el cree que él es incluso unreal..(él está en al borde del ataque emocional en este momento allí dentro de la Presidencia con algo bueno de él). E inmediatamente la loca mujer señorita Mombasa la que está en México grita, "Aguila él está cayendo en por amor contigo". (?). Entonces realmente cree que él es un muy irreal como "una cosa maravillosa en la vida", a la velocidad de la luz, cada instante............ solo... En este momento ya está relajándose del ataque que fue el no saber lo que era mi punto, ley o Tratado, pero esperaba algo bueno de mí a él (Acaso alguien puede creer esto?); transformando su actitud como si tuviéramos cualquier relación. ¿Pueden creerlo? Y nunca he hablado con él, aaah, qué actitud tan extraña, yo soy su peor enemigo en el universo para toda la eternidad!

Trato de dirigirme a Usted porque él está desarrollando todo tipo de problemas emocionales. Si él espera en su cabeza deformada algo bueno de mí, lo que yo podría ofrecerle con mis palabras es que: "Él es todo lo malo junto exactamente"!

Snoopy, traigo esta palabra desde la cima de la carta porque cuando terminé de escribirla, el Africano indocumentado dijo en medio de un ataque de problema de emoción, "Lo orgulloso que me siento porque ella me dio a mí la palabra SNOOPY ¿cómo puede ser tan cariñosa conmigo, ah! ¿qué palabra tan hermosa! (?).

El AFRICANO indocumentado más rápido fue a pedir ayuda a la mujer desamparada deshabilitada en Durango, México y él ya está coordinado con ella con la señorita Mombasa en el abuso y con El Servidor Secreto. Y dice, "Como me tratas, te tratare! Y no tiene ningún sentido! Porque yo nunca lo he tratado!

Y él dice, "No le avises a los Demócratas, avísale al Honorable Republicano, porque los Demócratas van a herirte". Y no tiene ningún sentido porque no deseo tanta información, sólo quiero que todos sepan que sí estoy en existencia! porque él quiere que me consideren como inexistente. Y ESTOY SEGURA DE QUE LA VOLUNTAD DEL SENADOR DEMÓCRATA RECIBIRA ESTA CARTA. Y YO SÓLO INFORMO LO QUE CREO AJENO DESDE 2009 EN LA PRESIDENCY. E inmediatamente obtuvo un ataque emocional horrorizado de terror, y un minuto después, comienza relajante poco a poco. Y dice, "Así somos los jóvenes, ves?" Pero nunca he hablado con él; y él grita, "Tu!"

Él tiene dominio a la fuerza mendingándole constantemente con lágrimas sobre sus rodillas deformes, sobre El Servidor Secreto que ya había sido removido de su cargo en la Corte Municipal, (todo está documentado en la Comisión Judicial estándar) y en el sitio web. Y tiene dominio sobre la loca indefensa señorita Mombasa la que está en Durango, México, deshabilitada, abandonada y vieja; y que ella puede concentrarse en cualquiera por la mente, y ella no tiene voluntad propia, pero a ella le gustaría detenerlo porque ella es española, en la República Mexicana, donde no suelen vivir diariamente con este tamaño de Africanos indocumentados.

Y a veces la señorita Mombasa mira por mí, pero ella tiene mi repudio porque ella tiende siempre a la delincuencia, y estoy en contra de la delincuencia.

Luego la imagen de la figura exclusivamente homosexual esta obligándolos en mi imaginación y mente a comportarse como espíritus y como dementes. El Africano indocumentado es muy bajo! Y definitivamente para mí él es física y mentalmente deshabilitado, el no hace nada por si mismo, pero está presionando constantemente en lágrimas, al maestro El Servidor Secreto.

Por favor detengan al Africano indocumentado gravoso e insoportable, y él no puede consumar nada bueno ni malo ni nada conmigo.

Y en mis alucinaciones en mi mente dentro de mi cabeza, la demente indefensa que esta en México aparece encima de mí muy concentrada. Entonces el efecto que el hace es que él sólo está cubriendo todo con repugnancia infinita. Y esta repugnancia es violar la deshabilitada que no tiene voluntad propia, cada vez más y más. Y en su infinita envidia no tiene elección más que meterse dentro de mí pero no soy yo. Y no tengo ninguna relación con el maldito Africano indocumentado que está lleno de envidia de mí. Para el Africano indocumentado ahora lo que sea es mejor que su pasado! 22/12/2011 22:29 hora central.

Gracias

Respetuosamente

Águila de Cabeza Blanca

Estimado Senador Republicano:

Me permito hacerle saber que si el Africano indocumentado hace, del verbo hacer, él nunca es constantemente para encontrar algo así! O, por ejemplo, he es nada bueno!

Respetuosamente

Águila de Cabeza Blanca

Las Cruces, N.M. 22/12/2011

Querido Mayoría Demócrata Senador:

DECLARO QUE EN EL AFRICANO INDOCUMENTADO ES IMPOSIBLE QUE SEA COSA DE AMOR Y ÉL ES IMPOTENTE PARA HACER SEXO CONMIGO Y EL INDOCUMENTADO AFRICANO NUNCA HACE SEXO DE MI SEXO O CUALQUIER OTRAS COSAS BELLAS, PORQUE ES IMPOSIBLE, Y SI ÉL CONSIGUE UNA PERTURBACIÓN DEL SEXO DE MÍ, ES MI HUSBAND.

PERO LO ÚNICO QUE LE CAUSA AL AFRICANO INDOCUMENTADO HACER ESCAPE MENTAL O EN SU CUERPO A PARTIR DE 2009 Y QUE SE PUEDE DEMOSTRAR, ES EL HORROR EN ABUNDANCIA, POR EXEMPLO LO QUE PODRÍA SENTIR DERREPENTE EL "CULPABLE EN EL MOMENTO DE SER CONDENADO" (EN ESTE CASO PARTICULAR EL, PORQUE ÉL ES EL AFRICANO INDOCUMENTADO, PERO NADA DE SEXO O AGUILA DE CABEZA BLANCA), Y NADA POSITIVO, BUENO O LO APROPIADO. Y ÉL SIENTE UNA EMOCIÓN DE HORROR EN ABUNDANCIA CADA SEGUNDO CUANDO QUIERO Y LO ÚNICO QUE ÉL TIENE DE MÍ ES QUE ÉL ESTÁ USANDO MI NOMBRE, EL NOMBRE AGUILA DE CABEZA BLANCA QUE EL NO PUEDE CREER DE LA ENVIDIA PORQUE EL NOMBRE AGUILA DE CABEZA BLANCA NO TIENE NADA DE AFRICANO INDOCUMENTADO O AFRICAN ESTADOUNIDENSE,

Y ÉL CREE QUE SI ÉL SE HACE PASAR COMO RELACIONADO CON EL NOMBRE AGUILA DE CABEZA BLANCA EN INCLUSO UNA DE LAS PARTES DEL NOMBREAGUILA DE CABEZA BLANCA, ÉL PODRÍA CONSEGUIR COSAS PARA EL MISMO!

PERO NUNCA PERMITAN QUE EL AFRICANO INDOCUMENTADO INTENTE HACER SUCIA MI REPUTACIÓN PORQUE NO TENGO NINGUNA RELACIÓN CON EL AFRICANO INDOCUMENTADO Y HE ESTADO DECLARANDO QUE ÉL ES INFINITAMENTE REPUGNANTE PARA MÍ Y EL CONTESTA COMPORTANDOSE COMO UN HOMBRE AFRICANO INDOCUMENTADO. DETENGAN AL AFRICANO INDOCUMENTADO PORQUE VOY A SEGUIR LUCHANDO CONTRA EL AFRICANO INDOCUMENTADO CONSTANTEMENTE A TRAVES DE TODA LA ETERNIDAD!

Y SI LOS ESTADOS UNIDOS DE AMÉRICA NO ESFUERZA LA LEY SOBRE EL AFRICANO INDOCUMENTADO, NO SERÍA NUNCA POR MI, (ÉL SOLO SIGUE UTILIZANDO EL NOMBRE AGUILA DE CABEZA BLANCA)PARA LLAMAR LA ATENCION, PERO PERSONALMENTE, ME SIENTO LLENA DE REPUGNANCIA DEL AFRICANO INDOCUMENTADO POR LA RAZON QUE LOS ESTADOS UNIDOS DE AMERICA DEJARON AL AFRICANO INDOCUMENTADO ENTRAR EN EL PAÍS.

Gracias.

Respetuosamente.

Águila de Cabeza Blanca

Dice algo así: "Mira, veo este punto in la tabla y ya me paso a ver esta otra, para este entonces, ya estoy hacia lugares diferentes, puedo hacer esto moviéndome a la velocidad de la luz, y tú no!

Y "No me lo puedo acabar", ayúdenme; les ruego a todas las personas, lleven lejos de mí al Africano indocumentado para siempre y por toda la eternidad minuciosamente.

22/12/2011 Que simplemente está haciendo como una bailarina privada ante El Servidor Secreto, haciendo su baile, y lo efectuó complETAmente! Haciendo demostraciones de que él ya aprendió las lecciones de mentalmente por la mente en la perturbación de espíritu y engañar. Y yo no estoy ahí!

EL INDOCUMENTADO AFRICANO SÓLO Y EXCLUSIVAMENTE ACEPTA LA PALABRA, PARA SU PROPIO PROPÓSITO QUE ÉL ESTÁ BUSCANDO, Y AUN SI SE SIENTE EN PROBLEMAS, ÉL PUEDE CAMBIARLAS POR PALABRAS DE OTRA COSA DIFERENTE PARA ÉL MISMO, FÁCILMENTE!

Y dice, "Mira, mira, puede producir imágenes de como se comportan los Hispanos!

Y dice, "He encontrado que todo es posible!"

Y dice, "Yo soy el padre!"

Y dice, "Yo soy Dios"

Y dice, "Lo que va a suceder es porque quería que pasara!"

Y él está esperando toda la eternidad, para obtener cualquier tipo de relación conmigo!

Y dice, "La estoy poniendo lista!"

Y el año pasado en Junio, dice, "Ella va a estar lista para mí más o menos para el mes de Agosto"!

Gracias.

Respetuosamente

Águila de Cabeza Blanca

Y cuando empecé escribiendo este libro, empieza él atacándome y agrediéndome constantemente, violando y violando a las cosas de la noche, diferentes, las que pertenecen a otro y diferentes períodos de tiempo.

Es increíble, pero él termina de decir, "Busca y verás!" Y otras parábolas.

Dice que ya terminó su "Proyecto" de hacer sexo con algunos sentimientos que yo tenia in los últimos años, o cosas así o alguien más; para poder engañar a la gente.

12-29-11
Estimado Senador Demócrata:
Él todavía esta perturbando diciendo su nombre mucho todos los días como para meeeee. Como idea enfermiza entre los horribles ojos, él es infinito increíble. Siempre está esperando a que me vaya a dormir y yo no sé por qué. Yo solo descubrí en 2009 que la cosa más horrible para el Africano indocumentado es quedarse sin dormir!

El Africano indocumentado dice que ha estado tiempo completo utilizando el nunca usado antes en la historia como el más nuevo de los vehículos militares, incluso con control remoto, más viajes allí que ningún cuerpo, dinero, etc.. Buscando y buscando volver allí, en aquellos Continentes, en aquellas Naciones, al cruzar las aguas desde América, donde él puede quedarse. Y hasta este día 2:11 pm aún no obtiene ningún refugio. Porque aquí en los Estados Unidos de América más tarde fue identificado, por lo que no será capaz de hacer nada nunca o nunca.

ENTONCES MEJOR SUPERVISEN EN QUÉ PAÍS VA A TENER ESTANCIA PARA QUE MANTENGAN EL OJO!
Gracias.
Respetuosamente.
Águila de Cabeza Blanca

Y él me dijo, "Estúpida". Y él me dijo hoy 27/12/11 "Y voy a hacer todavía muchos viajes al viejo Continente. (?)

Dice, "La casa de espantos es la Constitución".

Su fórmula en el Congreso fue cuidadosamente para mantener mutuamente en secreto a uno del otro para él poder avanzar y odiar a la coordinación de los conocimientos generales de las cosas en los grupos. Y él no quiere que nadie se preocupe por alguna cosa porque él quiere ser personalmente responsable de darle a cada persona directamente todo lo que quieren y sin embargo como lo quieren. Por lo que inmediatamente cerca incluso tiene así a todos los Representantes Democráticos.

Las Cruces, N.M. 27/12/2011
Estimado Sr. Presidente del 2000:

Estamos tratando de dirigir el Africano indocumentado para el lago de fuego y de azufre y el resultado es que él es, él tiene una sombra negra lo que es una sustancia de Azufre lo que sube a través de su cuello cuando él hable y es la esperanza de engañar, es la mentira. Y esa sustancia es el Azufre.

En este mes de Diciembre de 2011 tienen la Presidencia complETAmente llena de grumos de cosas fluorescentes como masa en esta temporada de Navidad. ¿Desde 2009 el Africano indocumentado es en la Presidencia errante diciendo, "Por qué votaron por mí"? estudiando por si mismo mucho su físico ante el espejo.

¿Dijo, "Y el Gobernador texano tiene miedo?

23/12/2012 Mira arriba!
He visto en las noticias que el Africano indocumentado tiene el ejército de Estados Unidos en el Congo belga y Kenia, África; y si eso es verdad podemos esperar que volverán con gusanos dentro del cuerpo debido a que en África el agua

tiene gusanos. Y la gente que volvía de África con este tipo de gusanos escribió el horror que vivió durante mucho tiempo mientras el médico y la medicina trabajó hasta matar el gusano horrible.

Y tiene envidia infinita de mí, pero soy su peor enemigo en el universo, por toda la eternidad complETAmente! El Africano in documentado es África en esencia y la maldad desde el África Negra. "Si digo una cosa dos veces, dice que es nula, y luego para ser real tengo que decir las cosas tres veces, etc.", dice. Y desde 2009 dice muchas veces "martes 13", etc.

Gracias

Respetuosamente

Águila de Cabeza Blanca

El Africano indocumentado tiene envidia infinita de mí y aún de la señorita Mombasa la mujer que toca, y también de El Servidor Secreto y de todo el mundo. Todo el tiempo está diciendo cosas constantemente melancólicas a mí. Y me gustaría que él pagara esta insolencia, por toda la eternidad y mucho más.

Por favor comprendan! No doy una mierda al Africano indocumentado, que incluso puede no conseguir cosas buenas con esta carta porque no somos el mismo y no tengo ninguna relación con él, nunca, o nunca. Tuve que cambiar una palabra desde el principio porque él inmediatamente obtuvo esa palabra.

Guarden al Africano indocumentado bajo supervisión, no por gran potencia pero por reaccionario. ESTOY MUY SEGURA EN LAS PROFUNDIDADES DE MI CORAZON QUE ESTÁ FÍSICA Y MENTALMENTE DESHABILITADO TODO.

Y tiene dominio a la fuerza sobre la loca indefensa señorita Mombasa la que está en Durango, México y que ella puede concentrarse en cualquiera por la mente, y ella no tiene la voluntad propia, pero le gustaría detenerlo porque ella es Española en la República de México, y ella tiene mi repudio porque ella tiende a la delincuencia, y estoy en contra de la delincuencia. A continuación, el Africano indocumentado los está obligando en espíritu y mente como psíquicos. El Africano indocumentado es muy bajo.

El Africano indocumentado dice, "Como me tratas te tratare! Y no tiene ningún sentido! Porque yo nunca le he tratado! ÉL ESTÁ MINTIENDO. Es Africano indocumentado. Y con sufrimiento, dice que le gustaría poner mi cerebro fuera o saberme en México con el mundo Español alrededor de mí, etc.. Y no tiene ningún sentido.

Dice desde hace un año, "Me voy a la reelección, porque yo no quiero que ella tenga la victoria". Pero no tiene ningún sentido porque si ejecuta para reelección o no, el nivel de él no cambia en lo absoluto, porque soy su peor enemigo por toda la eternidad. Y ahora él está enviando muchos signos como orangután!

Y su "Proyecto" se basa en risas pregrabadas y ruidos orales.

Dice, que sólo puede hacer daño cuando nadie lo vea!

Le dijo a la mujer desamparada, deshabilitada la que está en Durango, México, "Ganamos"!

El infinitamente repugnante, el Africano indocumentado elección del 2009 está certificado en horror!

Dice, "Quiero presentar mi "Proyecto" de perturbar, al Congreso, como "proyecto" PARA perturbar a la mujer de Irán!" (?)

Estimado 2012 candidato presidencial:

Estimado Senador Republicano:
El Africano indocumentado reaccionario dice ahora: "Me robe algunas cosas de tu casa para engañar a los Demócratas!"

El espíritu Africano indocumentado sigue violando la indefensa la que está en México, y su mente seguirá todavía en contra cuando él pueda, (porque su impotencia). Y ella no tiene elección.

Deténganlo, porque estoy viendo todo esto en mi cerebro enfermo dentro de mi cabeza horrible con mi imaginación. E informo estos delitos porque mis conclusiones son que utilizar mi nombre es el crimen más grande.

Gracias.

Respetuosamente.

Águila de Cabeza Blanca

Estimado SecrETArio General de la seguridad de casa de tierras:

El Africano indocumentado reaccionario dice ahora:

"Yo me robo algunas cosas de ti para engañar los demócratas!"

El Servidor Secreto sigue ayudando al Africano indocumentado para que él pueda estar violando por espíritu y mente cuando él puede, (porque su impotencia) a la indefensa deshabilitada la señorita Mombasa la que está en México.

Y ella no tiene opción. Hice la investigación con un veterano del FBI.

Por favor, deténganlo porque veo con mis propios ojos. Y el Africano indocumentado tiene que entender que no me gusta la fealdad, y de cualquier modo él nunca comprenderá in su horrible cabeza que lo que el produce alrededor es infinitamente repugnante!

Diciembre de 2011

SENADORES; ¿Están listos para estas semanas de vacaciones?

Desde ayer Domingo, creo que en mi mente, dentro de mi cabeza ponerme en contacto con todos ustedes e inmediatamente la voz Africana indocumentada comienza todos los minutos en espera de espíritu, muy concentrado y él está despierto 24/7 listo para asistir a todos ustedes desde dentro de la Presidencia contra mí, y se concentró con todos los sentidos desde dónde usted podría aparecer, para atenderle! Mira esta en la cama y no detiene su hocico, abusando perturbarte bastante mucho a la loca señorita Mombasa la que está en Durango, México porque él la tiene que usar, a fin de ponerse en contacto con alguien en espíritu o en mente. Y nunca voy a renunciar en la eternidad!

Me dijo, "Tengo el noble Demócrata bajo control".

Estoy enviando a toda la gente esta historia la que he escrito, para que ustedes sepan cómo fue la mayor ofensa a los Estados Unidos en toda la historia. Algunas personas ya leen. Estaría mal cualquier imaginación. Él está con la cabeza doblada y concentrado en mí!

Y cuando he escrito que él ha venido desarrollando genealogía muy fuerte, deja de escribir porque dice inmediatamente, "voy a...... ". No entiendo nada y también no tiene ningún sentido! Y me gustaría huir lejos, lejos! A donde el Africano indocumentado no intente hacer sucia mi reputación! Y también no tiene ningún sentido! No quiero estar involucrada con el Africano indocumentado que apareció en la Presidencia en 2009. Declaro! Y estoy hablando algunas intervenciones tratando de tirarle fuera de mí y de mi espacio y estoy muy asustada y estoy llena de terror! Y siento un muy fuerte repudio exactamente para este Africano indocumentado por toda la eternidad complETAmente!

A CONTINUACION TIENE QUE ESTAR BAJO SUPERVISIÓN POR TODA LA ETERNIDAD! Mira, mira, por favor, mira, ya lee pedí al Sr. Senador Demócrata de las Mayorías también, mirar lo que está sucediendo en la Presidencia.

Él está desesperado tratando de investigar una manera para tocarme en espíritu y mente a través de la distancia, por favor, ver arriba. Él es enfermizo en copiar mi estilo de vida, y pienso, OOOH relámpagos, cómo esto puede ser, si yo soy su peor enemigo en todo el universo!

Sr. Vicepresidente, cual es la razón por la que tiene esto en la Presidencia, el Africano indocumentado está desarrollando sentimientos de "amor" como alguien con belleza. El otro día, dice, "Yo vivo en una casa mejor que tú". Y no hago absolutamente ningún sentido de esto. Y todo el tiempo, él me dice cosas como estas y no me lo puedo acabar. Cuando alguien dice algo, el acostumbra a hacer lo contrario exactamente, etc. etc.. Compruebe cómo él está sintiendo!

Y ahora él está diciendo a mí, "Ahora puedo desarrollar en el "sexo".

Tiene una sustancia lo que es la expectativa de engañar, la mentira. Es el

Azufre! Y esto esta investigado ya profundamente. VAMOS EN ESPÍRITU, ES MUY FÁCIL, PORQUE EL ESTA CONCENTRADO EN USTEDES, "QUE SON SU ENEMIGO"! ENTONCES USTEDES PUEDEN HACER TODO! Empecé a escribir esta carta y después de eso, él es todos los minutos de espera intentando llegar a alguno de ustedes, por espíritu, y él esta sin dormir 24/7. Y creo que, "El pueblo Africano habla con "Preguntas" y a partir de este momento el indocumentado Africano comienza a hacer práctica hablar como cualquier Etnia diferente de África. Y también no tiene ningún sentido y también no haré ningún sentido.

Ver arriba!.

Es enfermizo en copiar mi estilo de vida, y creo que, OOOH relámpagos cómo esto puede a ser, si soy su peor enemigo en todo el universo!

En diciembre de 2011 empecé a hablar miles de veces este discurso:

"Quiten de mí al Africano indocumentado, por favor, les ruego, él es infinitamente repugnante, él está horrorizado y estoy llena de terror".

Y cuando ahora, él no puede creer que es no más ciencia o técnica para él y está desarrollando todas las emociones de horror de tiempo! desesperado por tocarme a través de la distancia!

Por eso insto a todas las personas que no permitan al indocumentado Africano intentar hacer sucia mi reputación.

Las Cruces, N.M. 23/12/2011
Querido Noble Senador Demócrata:
He oído en mi mente que el Africano indocumentado me está diciendo, "Yo soy la izquierda de la cabeza de los Hispanos".

Y oigo en mi mente, "Voy a seguir perturbándote para saber más".

Porque en su violación, estoy leyendo mentalmente su esencia repugnante. Y estoy enviando a usted la lectura para que él no mantenga el secreto para el país, y porque voy a dejar de escribir, pero me voy a guardar sólo los "datos" en acrónimos hasta que salga de la Presidencia. He leído que él es "Certificado en horror". Y él me está diciendo lo mismo que dice en todas partes y en cada discurso: "Voy a estar aquí porque tu escritura, pero de todas formas estaré aunque la destruyas o si paras".

El Africano indocumentado esta con los horribles ojos cerrados y sin dormir, sintiendo horribles emociones diferentes, en una única noche acostado en su lado izquierdo.

Y en sus vacaciones, dice, "Ahora tengo todo el tiempo para Usted, y hace concentración con todo el pensamiento horrible y todos los sentidos en mí. Y sólo porque el envidiar infinito que tiene de mí es demasiado.

12-26-2011

DICE, "yo estoy ahora practicando como subir escaleras sin omitir ninguna" Porque tiene incapacidad para el ascenso en cualquier conjunto de escaleras caminando todas ellas!

Y siempre dice infinitas veces, "Tu!"

A través de este libro tenía que despegar muchas frases y palabras, porque cuando las escribí, el Africano indocumentado ya las había robado porque dijo que eran elogios para él las palabras de odio, quiere decir que tengo relación con él. Y yo soy su peor enemigo por toda la eternidad minuciosamente. Y es la cosa más horrible que nunca había visto en mi vida. Y por ejemplo cuando escribí la palabra "positivo", me gustaría eliminar el párrafo completo porque ya robó esa palabra.

El Africano indocumentado está certificado en horror!

Las Cruces, N.M. 24/12/2011

Estimado Senador Demócrata:

Permítame informarle que el Africano indocumentado es la izquierda de la Hispanishness! Porque tiene envidia infinita de ellos, de su genealogía, sentimientos, sociales culturales y Asuntos de política!

Águila de Cabeza Blanca

11-2011 Él me dijo esta mañana que en el futuro a partir de hoy, él va a ser yo, y no mas el mismo.

Dice, "todo el personal de aquí no podrán creerte, porque dormí toda la noche anoche"!

Dijo, "Voy a estar practicando como he dicho, para caminar todas las escaleras arriba sin saltar cualquiera de las partes".

Siempre se vuelve grave en extremo hasta el punto de cuando alguien va a ponerse in la ira y dice, "Hazlo inmediatamente!", cuando voy a hacer algo en mi casa.

El Africano indocumentado reaccionario dice ahora: "Me robe algunas cosas de ti para engañar a los Demócratas!"

Jaime Locatelli sigue ayudando al Africano indocumentado para que él pueda estar violando por espíritu y por mente a la mujer indefensa deshabilitada la que está en Durango, México cuando él puede (porque él es impotente). Y ella no tiene elección respecto de su propia discapacidad.

Las Cruces, N.M. 29/12/2011
Estimado Senador Demócrata de u. s.
- COPY –
Por favor detener al Africano indocumentado, es gravoso e insoportable y la ofensa más grande a los Estados Unidos de América en toda la historia. Está tratando de engañarte. Está usando mi nombre intentando pasar como Aguila de Cabeza Blanca y no está en existencia nada en común incluso en la locura; incluso todas mis gotas son raza diferente. Él viola a través de la mente, mentalmente, cada vez, a una mujer demente totalmente indefensa señorita Mombasa la que está en Durango, México y que también están diciendo que ella es yo.

Y les suplico que detengan la lotería para el África negra porque una totalmente indefensa solitaria mujer demente señorita Mombasa que se encuentra en Durango, México no tiene ninguna voluntad propia y estoy teniendo alucinaciones, delirios dentro de mi cabeza de marrano con cangrejos, que está siendo perjudicada.

El Africano indocumentado está totalmente deshabilitado mentalmente por su discapacidad mental porque él muestra Disfasia en el hocico y él no tiene ningún desarrollo, y él es la maldad.

Por favor detenerlo porque no puedo ayudar a la mujer maltratada señorita Mombasa desde aquí porque nadie la quiere a ella, ella está abandonada, entonces, no puedo enviar gente porque nadie le quiere. Detenga al Africano indocumentado porque veo todo y siempre he informado el crimen a las autoridades Estadounidenses. Por favor no permitan que el Africano indocumentado los engañe.

Profundamente tengo sentimientos que me hacen creer que el Africano ilegal tiene una mente reaccionaria dentro de su horrible cabeza Africana indocumentada en la Presidencia.

Espero que detengan el abuso sexual que la señorita Mombasa está recibiendo.

Gracias

Respetuosamente

Águila de Cabeza Blanca

(Los senadores republicanos inmediatamente contactaron a la Señorita Mombasa que vive en México, pero ella exclamó como criatura increíble, "Estoy bien, me gusta esto y no necesito tu ayuda").

Yo también estoy copiando del Internet esta historia acerca de la sexualidad del Africano indocumentado, donde algunas personas creen que es bisexual, pero no!, él es únicamente homosexual ("disfruta" el acto sexual únicamente con otro hombre).

"Larry Sinclair, el hombre homosexual que afirmaban había tenido dos encuentros sexuales con el Africano indocumentado en 1999 de Chicago, escribió un libro, "Cocaína, sexo, mentiras y asesinato".

26/12/2011, Dice, "Quiero ser tú"!

El Africano indocumentado hoy 26/02/2012 dice, "Merezco ganar las elecciones presidenciales de 2012 porque sé de memoria los nombres de los trabajadores del Gobierno y el nombre de los departamentos y yo siempre estoy concentrado en todos ellos e incluso no parpadeo porque son mis enemigos, sólo están aquí y no dicen nada porque quieren quedarse"!

Desde diciembre de 2011 empecé a hablar miles de veces esta ponencia:

"Quiten de mí al Africano indocumentado, por favor, se los ruego, él es infinitamente repugnante, él está horrorizado y estoy llena de terror".

Por favor vean bien!

Él está enfermo de copiar mi estilo de vida; y pienso, "Ha, relámpagos cómo esto puede ser, si yo soy su peor enemigo en todo el universo, por toda la eternidad enteramente!

Y él no detiene barbecho mi marido para hacerle demostraciones, trucos y mentiras porque vio a mi marido y le dijo sus indignas proposiciones para hacer sexo a través de la señorita Mombasa, recogiendo la sensación de sexo de mi marido y más tarde ella enviarla a él mentalmente por la mente a Washington, él puede tener erección con mi esposo sintiendo y luego de eso hay que hacer a mi marido la manifestación con su mano derecha (en este momento), ahí de pie al lado derecho de la cama dentro de la Presidencia aunque sea haciendo un esfuerzo sobrehumano!

Gracias

Águila de Cabeza Blanca

Pido a todas las personas que pongan lejos de mí al Africano indocumentado, es repugnante infinitamente, él está horrorizado y estoy llena de terror! Declaro que el Africano indocumentado es lo más horrible que he visto en mi vida, por favor poner lejos de mí este Africano ilegal, tengo infinita repugnancia, él está horrorizado y estoy llena de terror!

Insto a todo el mundo no permitir que el indocumentado Africano trate de hacer sucia mi reputación porque él está tratando con un sufrimiento inhumano por hacer sucia mi reputación!

Y desde 2009 vengo teniendo delirios y alucinaciones en mi mente, mentalmente en mi cabeza, que el Africano indocumentado está utilizando magia negra para tocarme a través de la distancia.

El Africano indocumentado está intentando millones de veces al día hacer sucia mi reputación diciendo que él tiene relación conmigo.

PUEDO DECLARAR TODAS ESTAS COSAS ANTE LA CORTE SUPREMA DE LOS ESTADOS UNIDOS DE AMÉRICA.

Capitulo Cuatro

2012 El Africano Indocumentado el Horror en las Pequeñas Empresas

Me temo que el Africano indocumentado nunca producirá programas eficaces para establecer nuevas empresas donde se emplean las personas por salarios en los Estados Unidos de América, porque él está complETAmente mentalmente deshabilitado y también por su deformidad, Y YO MIRO AL AFRICANO INDOCUMENTADO COMO EL HORROR EN LAS PEQUENAS EMPRESAS!

Todos los escritos que hace el Africano indocumentado son inconstitucionales y las secciones que ha escrito así mismo son mentiras y enredos y esto es precisamente cómo tiene su fea cabeza de vagabundo, nómada y limosnero sin hogar.

01/10/2012 Me siento muy enferma y estoy tirada en mi cama llena de asco. Las alucinaciones en mi mente son imágenes del Africano indocumentado que no cabe en su propia incredulidad de encontrarse en los Estados Unidos de América y que está observando la belleza en una situación en la que imagina que puede cometer un delito a escondidas, y, a continuación, estoy empezando a ver la imagen del Africano ilegal en mi mente, mentalmente en mi cabeza y en mis ojos la figura del Africano indocumentado con su infinita sonrisa estúpidamente de África negra moviéndose en el universo a la velocidad de la luz con una tremenda vibración anormal, violando el espacio ultraterrestre desde los Estados Unidos de América dirigiéndose hacia Texas con la intención de rosarse con el honorable Sr. ex-Presidente del 2000...

Y CUANDO ME ENCUENTRO EN MI CAMA, CON NADIE MÁS, QUE VER EN MI MENTE MENTALMENTE EN MI CABEZA QUE EL ESPÍRITU AFRICANO INDOCUMENTADO NO ES FIRME NO ES ALGO FIJO O FUERTE, SI NOS FIJAMOS EN SU ESPÍRITU PODEMOS VER QUE ESTA BIBRANDO, COMO PARPADEO RÁPIDO Y COMO FLOTANDO, COMO CONTRAPOSICIÓN AL ESPÍRITU DE TODA LA HUMANIDAD LOS DEMAS SOMOS FIRMES DONDE DESEA QUE SEAMOS.

(EN OTRAS PALABRAS, EL ESPÍRITU DE TODAS LAS PERSONAS ES FIRME, Y EL DEL AFRICANO ILEGAL NO ES FIRME, PARPADEA SIN TOCAR EL SUELO, COMO POR EJEMPLO CUANDO UN COCHE NO SE AGARRA BIEN DEL PAVIMENTO DE SEGURO VA DERECHO AL ACCIDENTE).

Desde 2009 africano indocumentado tiene la sensación de prisa porque su tiempo termina!

El propósito de este libro es luchar todos juntos por la verdad y la libertad, debido a que desde 2009 el Africano indocumentado, como inquilino en la Presidencia se ha dedicado a engañar a todo el mundo y especialmente a indocumentados gente humilde que ha venido solicitando Amnistía, y el Africano indocumentado ha firmado más de una orden ejecutiva que los ha engañado, porque al hacerlo, ha violado la ley y también no ha dicho la verdad, la verdad que no ofrece amnistía y ha sido utilizada una serie de órdenes ejecutivas rompiendo leyes y poniendo a todos los inmigrantes en contra del Partido Republicano y ocultando que quienes hacen las leyes son los señores del Senado.

Recomiendo a todos los inmigrantes y a las personas que tienen un Estado de inmigración indocumentado ("Al indocumentado"), ir junto con los republicanos porque son quienes hacen las leyes y están pensando en ayudar cuando ya tengamos todo listo y sin pedir nada a cambio.

02/01/12 hasta ahora 12:38 hora central, estaba en actitud de depresión esta noche, y en este momento, empezó a reír hasta el extreme de la farsa! (?). Despierto, allí dentro de la Presidencia donde está acostado en la cama sobre su lado izquierdo.

Él dice, "Honorable Republicano", si deseas yo puedo despegar de ti al honorable Republicano!

Él dice, "Haz lo que quieras!". Y pienso, "Oh Dios mío, cómo su hocico puede decir eso, si yo soy su peor enemigo! Yo no puedo hacer lo que quiero".

Comienza tratando de hablar como humano con miiiiiiiigo, y gritó con su hocico, riendo con su hocico. (?) Mi nombre!,

Pobre mi nombre Santo envuelto en su estúpidamente infinita saliva!

Dice, "Deseo uno?"

Dice, "Dos"

Dice, "cuatro"

Dice, "en la Presidencia?"

Además, ya para el 2012 ha comenzado a decir que yo soy quien tengo una sombra negra y que es una sustancia que pasa a través de mi cuello cada vez que hablo y que es el Azufre que está interceptando y produciendo la expectativa de engañar, y la mentira.

Por esta razón le digo a todo el país, que deben alejarse del Africano indocumentado.

Desde 2009, me siento muy enferma y la repugnancia es in todo mí ser y siento la carga del infinito repudio del indocumentado Africano sobre mi espalda entre mis hombros y bajo mi cabeza me mantiene con mi cabeza doblada.

El Africano indocumentado es deshabilitado totalmente por su discapacidad mental, pero El Servidor Secreto y la señorita Mombasa están ayudándolo a que él pueda seguir barbecho mi nombre con obsesión anormal.

Dice, "Siempre me estaba riendo porque el Congreso y los Senadores están muy viejos, pero cambie mi mente porque quiero a tu marido para mí y a él no lo veo viejo". Y él está mintiendo porque mi esposo ya está viejo y muriendo de cáncer en la columna vertebral.

Las Cruces, N.M. 03/01/2012
Honorable Sr. Presidente de 1992.
Estimado Sr. Presidente de 1992:
Acababa de beber una botella pequeña de Pepsi, de pie junto a mi mesa de teléfono, pensando muy distraída, qué tareas más tengo que hacer antes de tomar una ducha; y en estos momento empiezo a cerrar atrás la botella vacía de Pepsi muy bien y bonita y adecuada y me da susto grande abrí mis ojos y hasta después de eso, la tire a la basura. E inmediatamente me dije, "uuuuuuuuuu!", porque incluso yo nunca las cierro, porque dejo las botellas de refresco muy muy vacías. Y yo fui a comprobar, y vi al Africano indocumentado sentado y doblado como en la Luna, como en los alETArgados tiempos que tienen los esquizofrénicos y hoy 24/12/11 al medio día él no ha hablado palabra alguna con ninguno de sus relativos allí. Con la envidia está muy concentrado de envidia, y él no quiere irse.

Y él no quiere irse.

Y con la envidia que me tiene esta muy concentrado de envidia, y él no quiere irse!

11/01/2012 Me dijo esta mañana que en el futuro a partir de hoy, él va a ser yo y ya no él.

Dice, "El Vicepresidente no te creerá, porque dormí toda la noche anoche"!

Dijo, "Voy a estar practicando como he dicho, para subir caminando todas las escaleras arriba sin saltar ningún escalón".

Dijo, como si tuviéramos cualquier tipo de relación, "Y tu?."

El Africano indocumentado es un reaccionario.

Le escribo esta carta para pedir a todas las personas que detengan inmediatamente al Africano indocumentado porque el Africano indocumentado está teniendo sexo por la mente, mentalmente y a través de los espíritus, desde la cama donde está de noche acostado en su lado izquierdo.

El Africano indocumentado constantemente está en sus oscuras rodillas ante El Servidor Secreto y en lágrimas le implora ayuda para violarme en mi mente mentalmente por mente en espíritu de vez en cuando porque su impotencia. Pero esta con sus horribles ojos cerrados y despiertos, sintiendo diferentes emociones en una única noche acostado sobre su lado.

Y en sus vacaciones dice, "Ahora tengo todo el tiempo para ti". Y hace concentración con todos los sentidos horrible, pensando en mí. Y sólo porque la infinita envidia que tiene de mí también.

El Africano indocumentado es un Africano muy bajo, y él está mostrando deshabilitar todo.

Y él dice, "No le avises a los Demócratas, llama simplemente al honorable Republicano, porque los Demócratas van a herirte"! Y está desarrollando como alguien con belleza y "amor" de nuevo, cuando leo el pedazo de papel donde escribí cortó en cirugía la verruga que tenía en su rostro negro. El otro día dice, para mí, "Yo vivo en una casa mejor que tú". Y hoy me dijo, "Voy a ganar contra ti porque voy a ensenarle a ellos una escena que tengo en mente para engañarlos". Y no hago absolutamente ningún sentido en absoluto. Y todo el tiempo, él me dice cosas como tomar mi pelo, y lo que veo en estos pensamientos es sólo un muy muy pobre Africano indocumentado.

El Africano indocumentado tiene envidia infinita de mí también y de la mujer la señorita Mombasa y también de El Servidor Secreto; y estoy escuchando la voz horrible del Africano ilegal en mi mente mentalmente dentro de mi cabeza, cuando estoy conmigo misma en silencio, tratando de ponerme contra El Servidor Secreto millones de veces al día! Todo el tiempo he oído en mi mente, que él está diciendo constantemente mal para mí. Y me gustaría que pague esta insolencia por toda la eternidad y mucho más.

El Africano indocumentado dice, "Como me tratas te tratare! Y no tiene ningún sentido! Porque yo nunca lo he tratado! ÉL ESTÁ MINTIENDO!.

Es el mal el Africano indocumentado. Y dice, con sufrimiento, que le gustaría poner mi cerebro apagado o saberme en México con sólo mundo Español a mí alrededor. Dice desde hace un año, "Me voy a la reelección, porque no quiero que ella tenga la victoria".

Pero no tiene ningún sentido porque si ejecuta para reelección o no, el nivel de él no cambia en lo absoluto, porque soy su peor enemigo por toda la eternidad minuciosamente. Obtuvo un ataque emocional horrorizado y como un minuto después, comienza a relajarse poco a poco. Y dice, "Asi somos los jóvenes, vez?".

Dice, "No te importa?"

Por favor comprendan! Yo no doy una mierda al Africano indocumentado, que incluso puede no conseguir cosas buenas con esta carta porque no somos iguales y no tengo ninguna relación con él nunca. Y tuve que cambiar una palabra desde el principio porque él inmediatamente obtuvo esa palabra.

Tengan al indocumentado Africano bajo supervisión, no por gran potencia pero por reaccionario. ESTA COMPLETAMENTE FÍSICA Y MENTAL DESHABILITADO.

El Africano indocumentado reaccionario dice ahora, "Me robe algunas cosas de ti para engañar a los Demócratas!"

Jaime Locatelli sigue ayudando al Africano indocumentado para violar por espíritu y mente cuando él pueda, (porque su impotencia) a la indefensa deshabilitada la señorita Mombasa la que está en Durango, México. Y ella no tiene elección.

Por favor, detenerlo, porque veo con mis propios ojos, y no me gusta la fealdad. Estoy informando este crimen porque él está usando mi nombre. Se trata de emergencia importante:

Vean bien! La mañana del jueves, el Africano indocumentado fue a hablar con los militares y fue con una actitud muy muy enfadada al punto del enojo, a fin de desarrollar, (para poder), y regresó a la Presidencia en la tarde y cayó en la cama bostezando a menudo y durmió 16 horas hasta el viernes, sólo porque tenía que ir ante de algunas de las autoridades de Estados Unidos.

Gracias
Respetuosamente
Águila de Cabeza Blanca

Estados Unidos de América.

Queridos amigos:

Les exijo que ahora mismo tiren a África Negra al Africano indocumentado inmediatamente, lo exijo ahora mismo!

¡Háganlo!
Gracias
Respetuosamente
Águila de Cabeza Blanca

El Africano indocumentado es la mayor ofensa a los Estados Unidos de América en toda la historia y esto es complETAmente la creencia de lo que tengo de él.

Las Cruces, N.M. 01-25-6-12
Estimado Sr. El Servidor Secreto:
Dio la tarifa legal, para que se comprara ropa la parte culpable. Pero no cuento nada de eso porque amo a la gente, pero lo que no perdono es la relación que tiene Usted con el maldito Africano indocumentado!

Por favor, perdóneme y protéjame de este Africanos indocumentado! Estoy pidiéndole esta protección.

Por favor protéjame del aliento del Africano indocumentado.

Gracias

Respetuosamente

Águila de Cabeza Blanca

Noticias relacionadas

Republicanos instaron hoy al Presidente de los United States.UU., al país del estancamiento económico y el endeudamiento para evitar la "catástrofe" que enfrenta ahora Grecia, España y otras naciones europeas. **La Presidencia está endeudada en exceso.** MaxNews.

Yo, Águila de cabeza Blanca declaro que en 2012 debí pagar impuestos al IRS, y sólo trabaje cinco meses desde el primero de enero al 30 de mayo y estoy en paro desde el primero de Junio hasta el último día de diciembre de 2011 y funcioné esos cinco meses por un salario de 8.50 la hora. Y el resto del año se pagó mis gastos con la caridad de otra persona.

Y todos los años antes en mi vida en todos mis últimos impuestos siempre recibí muchos miles de dólares cada año, y fue cuando el honorable Ex- Presidente del 2000, envió a todos los niños un cheque por trescientos dólares por cada uno, y fue una buena ayuda cuando no lo esperábamos. Si fue un alivio.

Estimados Senadores:

Creo que es mejor detener al Africano indocumentado porque es un riesgo en potencia y él desea quedarse en la Presidencia para siempre, me dijo, "Ellos pueden trabajar y yo puedo quedarme en la Presidencia". Cada cosa lo que dice o hace es sólo para dar mala educación al pueblo de Estados Unidos porque él sólo quiere quedarse en la Presidencia, y creo que ahora las personas tienen que tener cuidado en el país, porque estoy viendo en mi mente mentalmente dentro de mi cabeza que el Africano indocumentado es mentalmente deshabilitado porque habla con Disfasia en el hocico y que tiene a África dentro, en esencia es África.

Por favor sigan luchando directamente para el Country y estén coordinados con los Republicanos porque el Africano indocumentado es abrumador maldiciendo que va a romper las leyes para quedarse en la Presidencia.

Gracias

Respetuosamente

Águila de Cabeza Blanca

01/06/12 Su voz dentro de mi cerebro dice que si alguien le deja hacer sucia mi reputación, a continuación lo hará!

01/26/12, Dice, "Yo puedo transformarme a mí mismo en segundos"! Está diciendo esta mañana con su Hocico, "Yo nunca perdonare a los Estados Unidos porque me eligieron para la Presidencia, ahora ellos van a PAGARME!!!!!!

Estimado Sr. Candidato Presidencial Republicano del 2012:

Estimados Senadores Republicanos:

CHICOS QUE PROVIENEN DEL HONORABLE SENADO Y CONGRESO DE LOS ESTADOS UNIDOS, ME GUSTARÍA IR LEJOS PARA ESCRIBIR UN LIBRO, PERO ¿CÓMO?, NO PUEDO PORQUE TENGO MIEDO QUE HAYAN OBTENIDO ALZHIMER O TIBIA SU SANGRE.

Y TENGO QUE RECORDARLES QUE EL AFRICANO INDOCUMENTADO ES TU ENEMIGO. PORQUE ÉL NO TIENE PROPIAS CREENCIAS Y LO VI MUCHAS VECES ABRUMADOR MALDICIENDO A LOS ESTADOS UNIDOS DE AMÉRICA, ANTE LOS MICROFONOS DE LAS NOTICIAS EN LA TELEVISIÓN. DICE CADA VEZ EN PÚBLICO QUE DIOS DEBE CORREGIR SUS MANDAMIENTOS, ETC., ENTONCES TIENES QUE RECORDAR QUE ÉL ES EL PRODUCTO DE LA INMIGRACIÓN INCONTROLADA EN EL COUNTRY! Y TIENES QUE RECORDAR QUE TIENES YA UN ATAQUE EN SEPTIEMBRE ONCE! THEN TIENES QUE ESTAR ALERTA DE LA ESTANCIA DEL AFRICANO INDOCUMENTADO!

VI LAS NOTICIAS DONDE EL LES PIDE CON TODO SU HOCICO, EL PODER EN EL GOBIERNO FEDERAL. ¿CÓMO LA GENTE EN TODO EL PAÍS VA A DORMIR? ¿EH? CREO QUE ÉL SE MIRA TOTALMENTE DESHABILITADO EN TODO PARA MÍ, ESTO ES LA IMPRESIÓN QUE TENGO DE ÉL! SÓLO DE VERLO EN LA TELEVISIÓN.

POR FAVOR SIGAN TRABAJANDO TODOS USTEDES HASTA QUE RESCATEN TOTALMENTE LA PRESIDENCIA Y NUNCA RENUNCIEN, POR FAVOR!

TENGO LA SENSACIÓN DE QUE EL AFRICANO INDOCUMENTADO ES MENTALMENTE DESHABILITADO EN SU TOTALIDAD!

EL AFRICANO INDOCUMENTADO TIENE UNA SOMBRA NEGRA Y ES LA EXPECTATIVA DE TRUCO, ES LA MENTIRA! Y creo recordar que la noticias en el noticieros han estado ANUNCIANDO que la liberación del certificado de nacimiento del indocumentado Africano forma larga ha planteado muchas más preguntas de las que ha respondido: el peligro llamado el Africano indocumentado en la aplicación de esta política de culto a su personalidad, el

Africano indocumentado ha violado todas y cada una de las promesas hechas durante la campaña.

Y LES RECUERDO QUE YA BASTANTE TIENEN CON QUE INTENTA TOMARLES EL PELO Y LE TIENEN QUE ESPERAR! Y HE LEÍDO EN LAS NOTICIAS QUE DESDE 2009 POR SI MISMO ESTÁ HACIENDO LOS VOTANTES A TRAVÉS DE LA TWEERER COMO CASO UNPRESEDENT EN TODA LA HISTORIA PORQUE ÉL ES APÁTICO, ÉL ES INADAPTADO!

NO DEJA DE HABLAR MAL DE JAMES LOCATELLI Y LA SENORITA CHERILY Y LOS DEMÁS, DIRIGIENDO TODO LO QUE SU HOCICO HABLA, HACIA MÍ, TRATANDO DE ASUSTARME. PERO DECLARO QUE YO NO TENGO ABSOLUTAMENTE NADA EN CONTRA DE EL SERVIDOR SECRETO Y ABSOLUTAMENTE NADA EN CONTRA DE LOS DEMÁS, PERO DECLARO QUE SOY ENTERAMENTE EL PEOR ENEMIGO DEL AFRICANO INDOCUMENTADO PARA TODA LA ETERNIDAD!

Y HE ESTADO TENIENDO SU VOZ EN MI MENTE MENTALMENTE DENTRO DE MI CABEZA EN MI ZCHIZOFRENIA, DICIENDO RECIO QUE SI NO LO ACEPTAN A ÉL, ENTONCES ÉL VA A PONER TODO SODOMA Y GOMORRA AQUÍ EN TODO EL PAÍS, Y NO NECESITAMOS ESO PORQUE DESDE 2009 YA EL DESORDER DE SEXO Y VIOLENCIA ES EN EXTREMOUS!

¿HONORABLE SENADO Y HONORABLE CONGRESO DE LOS ESTADOS UNIDOS, DESEAN QUE EL ENFERMO SE QUEDE E INCLUSO CON EXTRA PODER? ÉL NUNCA LOS QUERRÁ A USTEDES, SU ODIO PARA TODOS USTEDES NO TIENEN LÍMITES! SU ENVIDIA POR LOS ESTADOS UNIDOS NO TIENE LÍMITES!

Y EN ESTE MOMENTO EXACTAMENTE SU VOZ EN MI MENTE ESTÁ DICIENDOME A MIIIIII, "TODOS ELLOS VAN A PAGARME ESTO".

POR FAVOR, SIGUE DIRECTAMENTE Y RESCATEN LA PRESIDENCIA DE LOS ESTADOS UNIDOS DE AMÉRICA.

Gracias

Respetuosamente

Águila de Cabeza Blanca

El indocumentado Africano está vagando por sí mismo en su mente esto: "Puedo hacer cosas malas.., la reforma más sangrienta, aquí es un país de déficit".

La voz Africana indocumentada dice, "Allá Hillary Clinton, yo sé que el Presidente de Irán no es culpable

Envié un mensaje al Sr. Vice-presidente para darle al Africano indocumentado.

Mensaje:

-Maldita sabandija insolente, infinitamente repugnante, de la especie animal, maldito indocumentado Africano!

Y más tarde la voz Africana indocumentada dice en mi mente, mentalmente, "Aaaaah, estas cosas no son malas lo que ella está diciendo, lo único malo es la palabra "animal", pero todo lo demás no tiene nada de malo"! Y agrega, "Ella siempre mezcla todo con la religión, por esta razón nadie le creerá!"

Las Cruces, N.M. 26/01/12

Estimado Senador Demócrata:

Por favor, te suplico proteger mi reputación porque el maldito Africano indocumentado está trabajando permanentemente duramente con desesperación inhumana y sufrimiento para intentar hacer sucia mi reputación.

Gracias

Respetuosamente

Águila de Cabeza Blanca

Las Cruces, N.M. 01-26-1

El Africano indocumentado tiene su imagen horrible en cada parte y lugar y en el Internet también, y él está viendo en el Internet a todos los Senadores, Congresistas, etc. viendo todo lo que enfrenta y riendo con su risa Africana indocumentada estúpidamente infinita y diciendo: "ja, ja, ja, son muy viejos"

Él esta twitteando 24/7. Todas las personas que le dan su voto no saben lo que están haciendo.

Por favor no tengan Alzheimer; el Africano indopcumentado es la mayor ofensa a los Estados Unidos de América en toda la historia. Nadie quiere jet al Africano indocumentado. Nadie lo querría adentro viviendo junto con nosotros en nuestra propia casa. Él es el gravoso e insoportable!

Las Cruces, N.M. 28/01/12
Señorita Mombasa:
Durango, México.

Te escribo esta carta para suplicarte que no dejes que el Africano indocumentado ensucie mi reputación.

Tengo limpia mi reputación.

El Africano indocumentado sufre desesperadamente

en forma inhumana intentando ensuciar mi reputación. Pero mentira es este criminal del África Negra.

El Africano indocumentado significa para mí la falta de respeto, la maldad y la Disfasia en su hocico. Y tiene el propósito de la fuente infinita de odio eterno y la envidia.

Y siento repudio a este Africano indocumentado con toda la fuerza de mi ser.

Te pido proteger mi reputación de este Africano indocumentado, cada momento.

No tengo ninguna relación con el maldito insolente infinitamente repugnante indocumentado Africano; todas mis gotas de sangre son de blanca.

Por favor te suplico para siempre cada momento proteger mi reputación del Africano indocumentado.

Gracias

Águila de Cabeza Blanca

Las Cruces, N.M. 29/01/12

Estimado Sr. Presidente del 1992:

La mayor ofensa a los Estados Unidos de América en toda la historia es el indocumentado y en las alucinaciones en mi mente en mi cabeza sigo escuchando su voz horrible diciendo: "Aaah Clinton va a pensar que las bellezas que siento son de ti" Y no que "Siento bellezas de mí!"

Pero no tengo ninguna relación con este maldito Africano indocumentado! Y lo que siento por el Africano indocumentado es una repugnancia infinita para toda la eternidad y lo puedo demostrar en tres minutos!

Y él no detiene su hocico el Sábado y el domingo 24/7, perturbando a la indefensa loca la que está en Durango, México la señorita Mombasa

Creo que él va a ser el terror en las pequeñas empresas!

Gracias

Respetuosamente

Águila de Cabeza Blanca

Y tiene envidia infinita de mí, pero yo soy su peor enemigo en el universo para toda la eternidad. El Africano indocumentado es África en esencia y la maldad. Su decir acerca de los números, si digo una cosa dos veces, él dice que es nulo, y luego para que sea real tengo que decir las cosas tres veces., etc. Y dice muchas veces "Este es un martes 13", etc..

Gracias

Respetuosamente

Águila de Cabeza Blanca

Estimado Senador Demócrata:

El Africano indocumentado no detiene su hocico, y ahora, dice "A ver si algún día…, descubrí que todo es posible!, lo que es bueno para mí es bueno para todos!, si El Servidor Secreto me da sexo a mí todos los crímenes de la tierra son perdonados y eliminare de la tierra la pena muerte para siempre! El Congreso va a pagarme, y van a ver cómo voy a dejar todo"!

Y él no detiene su hocico!

Gracias

Respetuosamente

Águila de Cabeza Blanca

02/02/2012 El Africano indocumentado dice a sí mismo, "No pasará nada, nadie puede hacerme nada, mira, mira"! Dice moviendo su mano anormal en círculo más rápido!

Él dice: "El Vicepresidente va a ponerse muy enojado con ella".

¿Dice, "Ah, estas son para mí"?

Y digo con todo mi ser y con todas mis fuerzas, "Maldita sabandija insolente, infinitamente repugnante, especie animal, fealdad, maldito ilegal Africano"!

03/02/12 Sigue diciendo con su hocico, que él va a darme unas personas y él agrega, "Yo soy dueño de gente, entonces escoge alguna y te la daré a ti"!

Viernes, 03 de febrero de 2012 2:03 AM

Dice, "no conocerlos, pero creo que lo conseguí!" Sé que algunos de los idiomas de las Naciones, pero no puedo encontrar las palabras para describir lo que ocurre en esta indocumentado Africano cabeza horrible adentro!

04/02/12, DICE CON SU HOCICO, "QUIERO SER TÚ"!

Domingo, 05 de febrero de 2012 12:07

Estimado 2012 candidato presidencial:

RECUERDE GOLPEAR INTELECTUALMENTE EL EN AFRICANO INDOCUMENTADO DE FÓSILES LAS RONDAS DESDE MARCHEN CON TODA SU FUERZA, COMO BOXEADOR PROFESIONAL. PORQUE DEBE RESCATAR LA PRESIDENCIA!

Gracias

Águila de cabeza Blanca

09/02/2012 Hoy todo el día la voz me está diciendo amenazas muertas si lo público cualquier libro!

Águila de Cabeza Blanca

Viernes, 10 de febrero de 2012 22:29

Viernes, 10 de febrero de 2012 10:25 pm

Estimado Sr. Patrick Gaspard:

Y algunas personas estaban pensando que el Africano indocumentado es bisexual, pero no, él es homosexual, y porque le gusta mi marido.

El Africano indocumentado es la mayor ofensa a los Estados Unidos en toda la historia!

Por favor no me mande no más sus correos electrónicos repugnantes.

Gracias

Águila de Cabeza Blanca

Dice, "A ellos no los conozco, pero creo que yo, lo conseguí!" Sé que algunos idiomas de las Naciones, pero no puedo encontrar las palabras para describir lo que ocurre en esta cabeza horrible del indocumentado Africano!

09/02/2012 Hoy todo el día la voz me está diciendo amenazas de muerte si hago público cualquier libro!

Águila de Cabeza Blanca

Viernes, 10 de febrero de 2012 22:29

Estimados Fiesta del té:
Exijo que el Africano indocumentado no será aceptado en el Comité Democrático Nacional porque es en esencia un Africano indocumentado.

Y también exijo que tiren al infinitamente repugnante Africano indocumentado fuera de la Comisión de Elecciones porque él no sabe las creencias de Estados Unidos de América!
Gracias
Águila de cabeza Blanca

09/02/2012 Hoy estoy llorando, porque no sé hasta cuando el Africano ilegal sigue intentando hacer confusión en la Presidencia con los "anticonceptivos", porque los Estados Unidos tienen gratis todo tipo de anticonceptivo desde hace mucho tiempo, alrededor de cuarenta años desde cuando yo era joven y desde el siglo veinte, especialmente cuando el país inicio la Educación Sexual en ese período de tiempo cuando estuve obteniendo del departamento de Salud y en otras clínicas por anticonceptivos gratis racimos enteros y desde aquellos tiempos acostumbran a preguntarme de que clase quiero o de qué clase de anticonceptivos necesito después de mi Papa Nicolau gratis desde diferentes Programas apoyados por el Gobierno Federal también, pero nadie nunca antes tocó la Constitución de Estados Unidos tan estúpidamente como el oneroso e insoportable que ahora está atrincherado, porque él no sabe las creencias de Estados Unidos de América, él es África en esencia está pensando en África, él siente que somos África.

11/02/2012 El indocumentado Africano dice: "Estoy esperando a ver cómo van a tratarme por mi situación irregular migratoria"
Y dice, "Sin comillas"

Dice, "Tienen que hacer algo porque no tengo solución"
Dice, "No escribió"!
Dice, "Dios no hizo perfecta su creación"!

11/02/2012, Dice, "Me estas esperando!"

12/02/2012 Me dijo, "Ahora empieza a maldecir a Dios, ahora!, ahora! Ja, ja, ja!"
12/02/2012 ayer cuando enciendo la TV vi que la Presidencia está liberando otra nueva propagación en el país, que se extendió con la venta de una revista con el Africano indocumentado, y esta publicidad sucia podría engañar a la gente haciendo que siga pensando que no es sólo una publicidad.
12/02/2012, Dice profundamente, "Si ya te viole y ya te acusé, ¿Por qué sigues escribiendo???

Estimado Senador Demócrata:
Estoy haciendo una denuncia importante formalmente con usted, contra la maldita sabandija insolente, infinitamente repugnante, de la especie animal, fealdad, maldito indocumentado Africano, que lo chequee y que le mantenga bajo supervisión porque estoy escuchando su voz en mi mente, mentalmente dentro de mi cabeza diciendo que él tiene una relación con migo.
¿Cómo él intenta ir a una persona"?
También está diciendo que la palabra fealdad rima con la palabra belleza, y que él toma la palabra belleza en el lugar de la palabra fealdad!
Es insólito, pero no se cansa de hacer preguntas el solo para sí mismo in su horrible cabeza adentro o con el hocico.
Detenga al maldito Africano indocumentado ahora y rescate la Presidencia.
Gracias
Respetuosamente
Águila de Cabeza Blanca

El Africano indocumentado, dijo esta noche 9:47 pm, "Nadie puede hacerme nada"!

Y constantemente está diciendo a El Servidor Secreto de Las Cruces y a la señorita Mombasa que viven en Durango, México, "Ayúdenme a tocarla, ayúdenme a tocarla, ayúdenme a tocarla".

Y estoy escuchando en mi mente, dentro de mi cabeza esa voz que dice: "Tengo todo bajo control en la Presidencia y detiene su hocico.

Tenga cuidado con el indocumentado Africano no es normal que es como un enemigo porque él estaba ejecutando a si mismo en toda África y el indocumentado Africano aún está bajo el nivel en conocimiento real! Y ÉL NUNCA TENDRA EL NIVEL INTELECTUAL REAL NORMAL EN LOS CEREBROS! Y TENGA CUIDADO PORQUE NO INCLUSO, EL NO PUEDE ENTENDER, PERO DE TODOS MODOS YA SABE QUE ESTA MENTALMENTE DESHABILITADO EN SU TOTALIDAD!

ATENCION!

NO PERMITAN SER ENGAÑADOS, LO QUE EL ESCRIBIÓ EN PEQUENOS LIBROS SON ENREDOS Y PURAS MENTIRAS, PERO YO COMPROBE QUE SON MENTIRAS. ÉL NO PRUEBA LOS DATOS, Y AFECTARA A LA NACIÓN ENTERA PORQUE GENTE REGULAR NO COMPRUEBA LO QUE LEE. "POR FAVOR, SEAN CUIDADOSOS, RESCATEN LA CASA BLANCA, TIREN AL AFRICANO INDOCUMENTADO A MOMBASA, KENYA, ÁFRICA PARA SIEMPRE Y POR TODA LA ETERNIDAD!

El Africano indocumentado dijo esta mañana 04/02/2012, "Te pareces a mi esposa". Y ¿cómo puede decir? Si yo soy blanca!

Detengan al Africano indocumentado. Y rescaten la Presidencia ahora!
Gracias
Respetuosamente
Águila de Cabeza Blanca

Dice, "Estúpida! No es necesario hacer lo que hago, pero tengo que hacerlo porque….. (Y escupió en el piso de la Presidencia y pisó lo escupido), y me transfiere su imagen horrible imagen!
Domingo, 12 de febrero de 2012 3:23 PM

Un día hace meses, meses atrás, él me dijo: "Aaaaaah, finalmente voy a vacaciones, complETAmente tengo todo el tiempo para perturbarte" y con la sonrisa Africana indocumentada, dijo, "Vas a veeeer"!
Y por muchos días 24/7, ha estado diciendo cosas como que después de tres años practicando cómo sentarse con las piernas abiertas como los demás, porque toda su vida utilizo para sentarse con sus rodillas juntas, y ahora ha llegado a la perfección. Y así ya está listo para presentarse a la reelección.

Las Cruces, N.M. el 12/02/2012
Estimado Senador Republicano:
Dijo, "El honorable Republicano es estúpido"!
El Africano indocumentado dice, "Tienen que hacer algo porque no tengo ninguna solución, no conozco a los Estados Unidos y voy a seguir haciendo cambios y la destrucción de la Constitución"! Dijo!
Gracias
Respetuosamente
Águila de Cabeza Blanca

A través de este libro tenía que despegar muchas frases y palabras, porque cuando lo escribí, el Africano indocumentado ya se las había robado porque dijo que las palabras de odio son elogios a él y a la media (durante todo el día dice la palabra "significa" con su pensamiento Africano). Dice todo el tiempo que él tiene relación conmigo. Y yo soy su peor enemigo en el mundo, y es la cosa más horrible que nunca había visto en mi vida

El Africano indocumentado es "certificado" en horror!

Dice que ya terminó su proyecto sexual para perturbarme, y es en base de risas, sonidos humanos y otros ruidos pregrabados para mantenerme engañada según él.

Dice, que sólo puede hacer daño cuando nadie lo vea!

Dice que él puede perturbar demasiado, y hacer que la persona diga y haga "zkctsss y el rostro se le tuerza y comience a producir ruidos orales con Disfasia".

El Africano indocumentado dice que yo soy lo que él estaba pensando desde hace tiempo como un proyecto para las mujeres en Irán.

El Africano indocumentado es la mayor ofensa a los Estados Unidos en toda la historia! Él es el gravoso e insoportable! Él es África en ESSENSE! No sabe las creencias de los Estados Unidos!

Él ha estado copiando a los demás hombres cómo sentarse, cómo caminar, etc., en los últimos tres años.

Dice que ahora él está practicando cómo subir escaleras sin a saltar ningún peldaño! acerca de su incapacidad para subir todas las escaleras en cualquier conjunto de escaleras.

Estimado Gobernador de Texas:

POR FAVOR SIGA TRABAJANDO A MANERA DE PONER AL ONEROSO E INSOPORTABLE INDOCUMENTADO AFRICANO Y SUS ANORMALES MANOS LEJOS, MUY LEJOS DE LAPRESIDENCIA.

HE LEÍDO EN LAS NOTICIAS DE QUE UN JUEZ HONORABLE DE GEORGIA RECOMENDO NO PONER LA INCREÍBLE HORRIBLE NOMBRE DEL

INDOCUMENTADO AFRICANO EN VOTACION PARA LAS ELECCIONES 2012! Desafíos de la votación en cinco Estados no detendrá al Africano indocumentado. Nosotros debemos obligar al resto de los Estados a cumplir con su deber! MANTENER INELEGIBLE EL AFRICANO INDOCUMENTADO EN 2012 DE LAS BOLETAS ELECTORALES FAX LOS ESTADOS AHORA! CITACIONES DE LOS JUECES?"

Él dice, "Si ya te reporte, Si ya te viole, por qué sigues escribiendo???

Ahora 14:21 central tiempo dentro de mi mente, mentalmente, la voz del Africano indocumentado está diciendo, "Hablamos" (?). Y no tiene ningún sentido porque yo nunca he hablado con el Africano indocumentado. ¿E inmediatamente la voz de El Servidor Secreto dice, "Pero yo? Puedo decir!"

Y el Africano indocumentado no dejar de hacer deformidades en su deformidad y los Estados Unidos tienen que detenerlo "! No se puede describir en cualquier idioma lo que dijo pero él está buscando alguna frase o palabras positivas de mí a él pueden utilizarlo, diciendo que lo digo a él. Para engañar con "!

Y cuando escribí estas, dice, "Walk!"

Y nunca termine que él está viendo donde la oportunidad de engañar y él decir inmediatamente, "Bueno, cómo hago?"

Y dice, "Manipular le"!

Y dice a El Servidor Secreto, "tienes que asentarme en ella, como estás tú"!

Y hace unos días empieza a maldecir a los Estados Unidos de América como nuevo en 2009!

Dice, "Si supieras lo que dice El Servidor Secreto de ti?" Y él intenta ponerme contra El Servidor Secreto y desde hace mucho tiempo está ofreciendo me millones de veces al día para eliminar a El Servidor Secreto!

Un día el Africano ilegal llegó a Texas para decir que no cobra la vida a malhechor condenado! Y estoy llena de terror!

El Africano ilegal es el escollo de la iniquidad!

Y el infinito africanos ilegales repugnante sigue moviéndose como orangután alrededor de mi marido y mi marido dice, "Simplemente no creo en esas cosas Águila, sigamos haciendo nuestras vidas y no se preocupe del Africano indocumentado, podemos sólo darle comida. Yo estoy contigo para siempre Águila de Cabeza Blanca, soy tu esposo y no quiero al Africano indocumentado. Y yo no estuve segura y me levante y llamo a mi hija mayor y pongo a mi esposo en el teléfono con mi hija mayor y mi hija mayor se quejan con mi esposo y mi marido exclama en el teléfono, "NO, no me gusta el Africano indocumentado!" Y empezamos a hablar de cosas diferentes.

Gracias

Respetuosamente

Águila de Cabeza Blanca

Viernes, 03 de febrero de 2012 2:03 AM

Todavía dice con su hocico, que él es dueño de las personas y que él puede dar algunas personas o una persona a mí!"

Dice, "De ellos no sé, pero creo que yo ya la hice"!

Sé algunos de los idiomas del mundo, pero no puedo encontrar las palabras para describir lo que ocurre en la horrible cabeza de este Africano indocumentado.

———————

Mirar y leer la insolencia lo que leo en la esencia maldita Africana indocumentada cuando vino a perturbarme en la noche en mi mente enferma dentro de mi cabeza de cascos de cabra:

Cada vez que se da el peligro yo vi en el Africano indocumentado esto:

ATENCIÓN: Si Usted comete un error y le concede, algo, e incluso solo una palabra, podría o haría inmediatamente ejecutar la ascendencia racial Africana negra, pero viva!, funciona con temperamento Africano negro o disposición pero normalmente no, pero por ejemplo "Quema ardiente en agitación con estruendo en enormes torrentes de temperamento o disposición desde el África Negra y es la raza negra, las multitudes de Africanos. Y los Estados Unidos de América tienen que tener cuidado de no darle al Africano indocumentado nada, porque si se le concede algo, sería un error, no le deben dar incluso una sola palabra, porque una sola palabra que gane el indocumentado 1 de África, sería lo que él necesita para liberar las masas de millones de Africanos negros en todo el país", dominando y convirtiendo a la ciudad de negro! Toda raza negra, masas que están amarrados, y que este Africano indocumentado quiere echar a caminar, soltar. Comenzar a andar!

Dice, "Quieres algo"
Dice, "Estás perdida"
Él está intentando arduamente para engañar el gabinete de Gobierno de los Estados Unidos, diciendo que tiene relación conmigo, y él está tomando las cosas de tiempos pasados y los sentimientos de tiempos pasados y los olores de tiempos pasados y palabras de tiempos pasados, etc. para hacer como un concepto de mí, como si él tenía relación conmigo. Y él sigue diciendo, "Porque prometí al senador Demócrata".

12 De febrero de 2012

Estimado candidato presidencial:

El insoportable y oneroso, dice, "He encontrado que todo es posible! y lo que es bueno para mí es bueno para todos en todo el universo y si El Servidor Secreto me da sexo a mí, perdono todos los delitos del mundo y despegare para siempre la pena de muerte desde la tierra y el Congreso va a pagarme, y va a ver cómo voy a dejar todo!"

Gracias

Respetuosamente

Águila de Cabeza Blanca

Él no detiene su hocico 24/7 perturbando demasiado a El Servidor Secreto y a la señorita Mombasa.

12/02/2012 ayer cuando enciendo la TV vi que la Casa Blanca están lanzando otro nueva propagación que se extendió en el país con la venta de una revista con el Africano indocumentado en la portada con el propósito que el indocumentado Africano llegue a todas las personas. ¿Aprovechando la confusión de por qué está en cada fotografía de manera sin precedentes? Sin que nadie explique qué el Africano indocumentado es el enemigo y que está convirtiéndose en publicidad sólo para mantenerse dentro de la Presidencia, aunque él no conoce las creencias de los Estados Unidos.

¿Y hoy 14/02/2012, dice, "Si supieras lo que dijo El Servidor Secreto sobre ti? Dice intentando millones de veces que me ponga contra El Servidor Secreto. Pero no tengo nada malo para El Servidor Secreto porque El Servidor Secreto está sobre el Africano indocumentado.

Y hace días que comenzó a maldecir todos los Estados Unidos como en 2009!

Siempre está mirando a copiar mi estilo de ropa, mi capacidad normal para caminar en cualquier forma que yo quiera, etc.

Y el Africano indocumentado no dejar de hacer deformidades en su deformidad y los Estados Unidos tienen que detenerlo "!

No se puede describir en cualquier idioma lo que dice pero de todos modos ahora está buscando alguna frase o palabras de mí, para engañar diciéndole al pueblo que yo lo estoy diciendo a él"!

Y no puede ser, no tiene ningún sentido, de hecho yo nunca haría cualquier sentido y he visto en las noticias que ya en Washington, el FBI tiene en la cárcel un hermoso Hispano joven que disparó contra la Presidencia en desesperación a la insolencia Africana indocumentada.

Y dice, "Yo te"

Y dice a El Servidor Secreto, "Tienes que asentarme en ella, como estás tú!"

Y ahora desde Febrero, está viendo a mi marido para que la señorita Mombasa le robe el éxtasis cuando hace clic en mi noche de amor y así recopilar, para después hacer una demostración desde la Presidencia cuando dijo que él podría usar a mi esposo sintiendo a masturbarse con la mano derecha y conseguir éxtasis de verdad!

Y toda la noche complETA fue inquiETAnte mi marido con desesperación y a las tres a.m. hora central bajé en su lado de la cama a la cocina, y vi que comenzó masturbándose él mismo con su mano derecha, copiando a mi esposo desde la otra noche, haciendo la demostración a mi marido, como gran victoria, porque él es exclusivamente Homosexual.

Anoche cuando mi marido me estaba haciendo el amor, el Africano indocumentado estuvo perturbando, tratando de tomar nuestro cabello, y este Africano indocumentado dijo: "Es mi conformidad con perturbar!, yo soy la gran perturbación en todo el mundo".

¿Qué puede tener mi marido que decir al respecto, él es militar Anglo?

El insolente con una excitación inhumana y extremos se ha concentrado sobre mí, con el propósito de ser y estar el que está más concentrado que los otros.

Y entonces decidí permanecer en la cocina durante algunas noches, y vi que él estaba en el "Punto de trazo y vi su horrible cabeza ir fuera de su fea cabeza con la cara más horrible jamás vista torcerse y ladridos y maldiciones porque estaba sin dormir in la noche! Y él está allí en la cama in su lado izquierdo hacia su esposa, y él "Nunca" habla con la mujer negra.

Y ahora cuando es 2012, dice, sólo voy a dormir pocas tasas y voy a perturbarte toda la larga noche. ¿Pueden creerlo?

Hoy es 16/02/2012 Y el especie animal infinitamente repugnante Africano indocumentado me dijo tiempo central 12:27, "Tengo tu nombre en mis manos"!

Declaro que el maldito Africano indocumentado esta todo el tiempo haciendo miles de "Preguntas románticas" para mí, muy grave! Y no puedo creerlo!

Y dice, voy a sigue atacando y el significado es que usted y yo tenemos relaciones!

Informo este crimen porque él está usando mi nombre.

La mañana del jueves, el Africano indocumentado fue a hablar con los militares y fue con una actitud muy enojada a fin de desarrollar, (para poder), y regresó a la Presidencia en la tarde y cayó en la cama bostezando a menudo y durmió 16 horas hasta el viernes, sólo porque tenía que ir ante algunas de las autoridades de Estados Unidos.

Águila de Cabeza Blanca

Y dice, "Tengo todo bajo control en la Presidencia"

El Africano indocumentado, desde que nació, él estaba ejecutando a sí mismo en toda África y él aún está bajo el nivel real de conocimiento!

Él nunca va a obtener el nivel normal en los cerebros! Sólo lo miro en TV, y podemos ver que él es deficiente, cuando él responde a cualquier pregunta gira su mirada horrible hacia nada para poder responder con Disfasia en el hocico.

Dice que ya termino un proyecto que él prometió al Senador Demócrata. Y el proyecto es que él hace una pregunta y responde a si mismo con mi sonido de mi voz!

Atención, no permitan ser engañados. Lo que escribió en pequeños libros es enredos y puras mentiras porque es lo que tiene en su horrible cabeza, porque yo lo comprobé y son mentiras. Él no prueba los datos, y afectara a toda la Nación porque gente regular no comprueba lo que leen. Tengan cuidado, rescaten laPresidencia, tiren al Africano indocumentado a África y que nunca vuelva no más! He leído en las noticias de que alguien le compró un "libro" y luego que lo leyó, lo quería regresar!

En el Africano indocumentado se concentran todos los pecados del mundo, él es el camino para caer en el abismo de la iniquidad, el peso y la acción de violar la ley o código; un delito o cualquier acto que viole una ley, un comando o un código moral.

Comisión de males: por lo tanto, cualquier cosa que se le conceda, sería en caída, instantáneamente movilizar millones de personas del África Negra!

Por favor les pido a través de este informe /libro donde quiera que estés, rechazar al Africano indocumentado con todo tu corazón, con toda tu fuerza y con toda tu mente.

17/02/2012 Miren! El Africano indocumentado está pensando y diciendo, 24/7, "I, me, me, me, me, me, me,"!

Y él insiste en ser yo!

Y dice, "Bien incluso con ninguna pregunta, tu y yo tenemos una relación. Para que pares de estar diciendo que hablo con preguntas"!

Y todavía hace preguntas como, "Qué?"

Dice, "Calcetín negro"

Desde 2009 el Africano indocumentado está diciendo constantemente, "Como esto, hasta el fin del mundo!

Y no tiene ningún sentido! Y estoy informando a todas las personas ya que no tiene ningún sentido en absoluto.

Y él dice, "El fin del mundo está en la Unión Soviética". Y transfiere la imagen a mi mente deteniéndose por entre la playa y el océano y diciendo, "Uy, uy, yo no me meto allí "!

Las Cruces, N.M. 19/02/2012

Estimado Senador Demócrata:

Tengo una fiesta con mis familiares y el indocumentado repugnante, el indocumentado Africano está tratando de obtener en mi mente, mentalmente en mis pensamientos, y dice, "Ella es Dios" y él está llorando con actitud melancólica y empiezo a escribir esta carta y está diciendo que si Usted se aparece en el universo para detenerlo, él le hará retroceder a la fuerza inmediatamente! Y él dice que usted es estúpido! Y yo grito más fuerte, "Nosotros somos blancos"! Y él no se quiere ir, y él no se quiere ir.

Gracias

Respetuosamente

Águila de Cabeza Blanca

19/02/2012, Dice, "Quieres?"

Sólo tuvo conocimiento de los muy antiguos dibujos animados en la televisión

¿19/02/2012, Dice, "Quiero ser tú"?

Dice: "Te vas a estar así todo el tiempo"?

Pido a todas las personas a protegerme del indocumentado Áfricano está atacándome, ya está diciendo que él terminó de escribir su próxima propuesta de puestos de trabajos para presentarla al Senado. Y no puedo ser o estar! Realmente nunca podría hacer cualquier sentido sobre lo que dice. Pero de todos modos ya llame a la patrulla fronteriza! Hoy es 21/02/2012 y el Africano indocumentado inicio lanzándome amenazas de muerte. Me está diciendo amenazas de muerte si publico cualquier libro! Y dice, "Si publicas cualquier libro, inmediatamente voy a enviar al Vicepresidente para que tome el libro y detenga su publicación e incluso a cerrar la empresa editorial, y si vas ante un juez, pasaré a él inmediatamente mi orden ejecutiva que prohíba el libro y después que te permitan irte!

La pandilla de espíritus y especialidad Presidencia y la señorita Mombasa la que está en Durango, México, cada día después de 17:00 hora de Oriente, tienen que hacer una transacción de energías donde despegar el sueño infinito del Africano indocumentado en la Presidencia, porque él no puede hacer nada por sí mismo. (Porque simplemente decidí tomarme algunas noches en la cocina)

ATENCIÓN, ya para estas fechas el ya empieza diciendo a mí que soy mentirosa y que tengo la expectativa de engañar.

Puedo declarar ante la Corte Suprema de los Estados Unidos que la deficiencia del Africano indocumentado nunca o jamás podrá crear pequeñas empresas exitosas porque él es el horror allí.

Siento su esencia enferma infinitamente repugnante sobre mis hombros espaldas y me siento muy débil. Y es increíble pero me sigue haciendo preguntas como "Pregunta y Contesta" y como si él pide y puedo responder o como si tuviéramos alguna relación. Y no puedo creerlo! Si aún pronunciara mi nombre estaría en un remojo de demencia en su saliva. Y hasta ahora mi nombre todavía está envuelto en la web de su infinita estúpidamente saliva realmente.

Estuve leyendo en Internet dentro del Noticiero Internacional en los comentarios relativos al Africano indocumentado, que hace algunos años recogió tres nombres solos, desde su lugar de origen y, a continuación, los puso a él mismo allí.

El Africano indocumentado hace lo que es una publicación sin precedentes y me gustaría mucho la intervención de las autoridades porque el Africano indocumentado está trayendo sus revistas personales con su imagen horrible hasta la escuela primaria donde está mi hija pequeña y los demás niños y mi hija dice, "Mira mamá lo que me dieron a mí otra vez" Y lo tiro a la basura inmediatamente. Las autoridades deberían de parar esa revista.

En las Noticias Univision.com vi la foto de documentos del sitio Web que el Africano indocumentado trata de presentar a los Estadounidenses aquí en América.

Vi que la figura de la imagen del Africano ilegal está hundida en su incredulidad proclamando a todos los extranjeros en el país, seguir su ejemplo destruyendo todas las tradiciones en el país. Y también he visto en las Noticias Univision.com una historia donde el Africano indocumentado está usando un número del Seguro Social que es un fraude, pero me puse a comprobar las noticias de Univisión en 2009 y no apoyan esta historia con documentos de la Corte de Estados Unidos. Entonces desde que lo leí sentí más miedo de imaginar que el Africano indocumentado que está perturbándome podría ser de Mombasa, Kenia, África.

Estoy en shock con este tipo de noticias repugnantes de Noticias Univisión.

26/02/2012 Desde que termine escribiendo este libro empecé a oír en mis oídos la voz Africana indocumentado criminal diciéndome amenazas de muerte si publicara cualquier libro! 27/02/2012 el lector no va a creer, pero la voz Africana indocumentado está diciendo en mis oídos, "Tu no me hieres!"

La realidad y la verdad de las cosas es que nadie, nadie ni nada pueden herirle!

Porque El Africano indocumentado mientras tanto, desde 2009 y ahora, él está haciendo en su mente todos sus personal Casos acerca de su estado migratorio en diferentes tribunales del país, desde el principio hasta "las conclusiones", él dice. En la Conferencia de prensa 06 de marzo de 2012, el llamo vagando in su mundo irreal, muy grave las palabra "conclusiones" en esa Conferencia de prensa refiriéndose al final de las cosas y cambio la palabra "final" por la palabra "conclusiones", adoptando la palabra conclusiones en sus casos de estado migratorio personal, que está haciendo en su mente por sí mismo el solo en su mente, desde el principio hasta el final.

Las Cruces, N.M. 28/02/2012
Estimado Senador Demócrata:
Para esta fecha, ya todos los Demócratas saben lo que está sucediendo y todos incluso el ex Presidente de 1992, están tirados muriéndose de risa, pero no por la felicidad, pero sí por la risa, porque allí en la Presidencia están viendo la imagen de la figura del Africano indocumentado, o fallo! Como en Hollywood, que contratan con estricta seriedad actores Cómicos Africanos.

Y cada uno en el Partido de los Demócratas, esperan terminar todos su carrera personal con éxito en el partido. No

para el país, pero para su propia Carrera "El partido", como
el honorable Bill Clinton que tiene siempre la Fundación
Africana y ahora mismo el Africano indocumentado que le
hubiera gustado haber pasado por alguien como los demás.

Luego la Democrática va a trabajar sucio (en su afán),
y todos tendrán al Africano indocumentado exclusivamente
diciendo desideratas, como poemas, en todas partes. Ah y
recuerda que siguen poniendo más fotos adicionales de la
horrible fealdad Africana indocumentado en todo el mundo
con la publicidad de su imagen para ganar otros cuatro
años!

Gracias

Respetuosamente

Águila de Cabeza Blanca

YO, AGUILA DE CABEZA BLANCA DECLARO
ANTE LA CORTE SUPREMA DE LOS ESTADOS
UNIDOS QUE EMPIEZO A TENER ALUCINACIONES
EN MI MENTE, ESCUCHANDO IN MIS OÍDOS AL
AFRICANO INDOCUMENTADO QUE ACABA DE
DECIR ESTA MAÑANA 8:48 HRS. HORA CENTRAL
27/02/2012 "EL DEPARTAMENTO DE POLICÍA
DE ESTADOS UNIDOS NO NECESITA TRAMITES
PARA LA DETENCIÓN DE PERSONAS, PERO
QUE EL DEPARTAMENTO DE POLICÍA DEBE
ARRESTAR A PERSONAS INMEDIATAMENTE CON
CUALQUIER PROCEDIMIENTO Y ENVIARÍA A LA
VICEPRESIDENCIA PARA AYUDARLES SI PUBLICO
CUALQUIER LIBRO"!

Él está esperando este libro para leerlo **y empezar a
hacer todo lo contrario siempre**. Porque él inmediatamente
comienza haciendo lo contrario, y por ejemplo, desde 2009
estuvo ordenando a la Nación de Israel dejar de ser y desde

2012 comenzó diciendo exactamente a la Nación de Israel a través de las noticias de televisión, todo lo contrario.

Y del mismo modo, mentalmente por mi mente dentro de mi cabeza escuché la voz del indocumentado Africano que me dijo que le gustaría ponerse en contacto con el Presidente de Irán a través de telepatía para él expresar su amistad incondicional, en secreto, y él estaba sentado en su sala de estar por mucho tiempo practicando probarla y tratando de transferir sus imágenes a me, pero estoy segura de que Cuando el Africano idocumantado dice a todas las noticias cada vez que Irán no tiene planes de hacer mal a los Estados Unidos de América ahora, es sólo porque él sabe el repudio infinito que le profesa el universo. Pero acerca de defender la vida y los derechos humanos, todas las Naciones no son Unidas, porque en la actualidad existe el problema de la insolencia infinito que cada nación debe atar. Y lo que está sucediendo en la actualidad es aunque antes su discapacidad mental el Africano idocumentado no entendido, pero sí incluye en sus emociones horribles la lección que le vamos a dar. Pero ya ni escribir sus mentiras porque el mismo, nunca volvería a atentar con socavar el conocimiento humano. Luego recuerda que en lo que se unen todas las Naciones actualmente es el desprecio infinito que sentimos por el retraso y la discapacidad.

Y sin importar las palabras que me siga copiando ahora que estoy escribiendo este libro, me gustaría hacer y decir exactamente lo contrario de lo que él dice y hace, para toda la eternidad completamente!

Pero como representante de mis antepasados tengo el propósito de que cuando los Estados Unidos de América pongan al Africano indocumentado fuera de la Presidencia yo voy a decir y pensar y escuchar totalmente diferente automáticamente desde el primer instante defendiendo la integridad de esta tierra de oportunidades, llamada Los Estados Unidos.

Las Cruces, N.M. 05/03/2012 (8-12 p.m. horario central)
Estimado Senador demócrata:
El Africano indocumentado está hiendo por todas partes vistiendo ropa recientemente adquirida, intentando conducir al mundo

Él está tratando de atraparte en su infinita estúpidamente saliva (porque te digo con mi susto todo, porque es increíble, que se siente en su horrible cabeza, bello). Pero si le das a él aunque sea una sola letra que los Estados Unidos pueda refugiar, inmediatamente instalará en ti su sombra negra de Azufre!

Dice que su proyecto era recaudar sentimientos, voces, sonidos, risas, etc. del pasado de personas diferentes, para engañarte pero especialmente para mantenerme a mí misma engañada todo el tiempo! Y no sé qué hacer!, incluso yo nunca haría ningún sentido!, no sé si llamar a la policía o qué!, porque inmediatamente comienza a reír con una risa anormal hasta la demencia cuando me sabe tratando de llegar a ti en cualquier forma, entonces, no sé qué hacer, pero los Estados Unidos de América algo tienen que hacer acerca de esto! Y está diciendo que espera conquistarme! ¿Pueden creerlo? Y no puedo terminar esta carta porque él no detiene su hocico.

E INMEDIATAMENTE UNOS MINUTOS MÁS TARDE A LAS 9:08 HRS. SOLITARIO COMIENZA A DEAMBULAR POR SI MISMO QUE AÚN DESEARÍA SER SADAM HUSSEIN!

Si yo no estuviera llena de terror haría al Africano indocumentado una sola pregunta como: "¿Cuál es el significado de cualquier objeto"? O cómo es que toda la vida hasta 2009 su costumbre era sentarse con sus rodillas pegadas? Y ahora no! - Pero te aseguro que después de estos tipos de preguntas ya no me la acabaría.

Y desde que acabé de escribir este libro/ informe dice que ya no tiene una relación conmigo, pero ahora tiene una relación "complETA" conmigo y eso es la mentira más grande del mundo! Nunca hablo con él y nunca estuve cerca de él. Y que él no quiere tener relaciones conmigo que lo que quiere es ser yo!

Por favor, cuiden mi reputación porque el Africano indocumentado está luchando con un sufrimiento inhumano por hacer sucia mi reputación, anda diciendo que él tiene relación conmigo.

Declaro que el Africano indocumentado es lo más horrible que he visto en mi vida, por favor, todos pongan lejos de mí este repugnante Africano indocumentado, él es infinitamente asqueroso, él está horrorizado y estoy llena de terror! Su antiguo peso sobre billones y billones de años es sobre mi espalda entre mis hombros bajo mi cabeza y su infinito odio miserable en la grasa bajo mis cejas.

Por tanto, a todo el mundo, pido hermanos en todo el mundo; protejan mi reputación porque el Africano indocumentado está diciendo que tiene alguna relación conmigo. Y eso es la mentira más grande que existe! Nunca he hablado con él.

———

Agradecimientos

Para escribir este libro/informe comprobaría el libro Cocaína, Sexo, Mentiras y Asesinato por el Sr. Larry Sinclair.

Acerca de este problema nacional tan grande he leído el libro "Cómo Identificar y Eliminar Maldiciones", por el Dr. Gary V. Whetstone.

Estoy muy agradecida con el Sr. Gabe Varela experto en computadoras de la Universidad del Estado de Nuevo México en Las Cruces, por su apoyo ayudándome en el equipo de computadora para hacer un hecho este clamor que dirijo directamente al pueblo Estadounidense. Y todos juntos empezar trabajando en cuidar mejor las fronteras de todo el país, para que el Africano indocumentado nunca vuelva a ocurrir.

Realmente aprecio la ayuda del honorable Sr. Matt Madrid-Abogado en Las Cruces, N.M. que revisó la clase de léxico que utilizo para expresarme en este libro dándome su visto bueno y autorizando la publicación, porque respeto a todo el mundo, amo l respeto a todas las personas y no tengo ninguna intención de perseguir a nadie por ningún motivo.

Copie un artículo de Newsmax y algunas noticias de Noticias Univision. Gracias a todos. Y doy las gracias al Rastreador de noticias por toda la información horrible que me ayuda a vivir en la verdad y a escribir este libro que se dedica a ayudar a todas las personas.